中華文化十二講

錢穆

三民書局

錢穆作品精萃序

錢穆先生身處中國近代的動盪時局，於西風東漸之際，毅然承擔起宣揚中華文化的重任，冀望喚醒民族之靈魂。他以史為軸，廣涉群經子學，開闢以史入經的嶄新思路，其學術成就直接反映了中國近代學術史之變遷，展現出中華傳統文化的輝煌與不朽，並撐起了中華學術與思想文化的一方天地，成就斐然。

三民書局與先生以書結緣，不遺餘力地保存先生珍貴的學術思想，希冀能為傳揚先生著作，以及承續傳統文化略盡綿薄。

自一九六九年十一月迄於一九九一年十二月，二十多年間，三民書局總共出版了錢穆先生長達六十餘年（一九二三～一九八九）之經典著作——三十九種四十冊。茲序列書目及本局初版日期如下：

中國文化叢談……（一九六九年十一月）

中國史學名著……（一九七三年二月）

文化與教育……（一九七六年二月）
中國學術思想史論叢㈠……（一九七六年六月）
國史新論……（一九七六年八月）
中國歷代政治得失……（一九七六年八月）
中國歷史精神……（一九七六年十二月）
中國學術思想史論叢㈡……（一九七七年二月）
世界局勢與中國文化……（一九七七年五月）
中國學術思想史論叢㈢……（一九七七年七月）
中國學術思想史論叢㈣……（一九七八年一月）
黃帝……（一九七八年四月）
兩漢經學今古文平議……（一九七八年七月）
中國學術思想史論叢㈤……（一九七八年七月）
中國學術思想史論叢㈥……（一九七八年十一月）
中國學術思想史論叢㈦……（一九七九年七月）
歷史與文化論叢……（一九七九年八月）

中國學術思想史論叢(八)……（一九八〇年三月）

湖上閒思錄……（一九八〇年九月）

人生十論……（一九八二年七月）

古史地理論叢……（一九八二年七月）

八十憶雙親・師友雜憶（合刊）……（一九八三年一月）

宋代理學三書隨劄……（一九八三年十月）

中國文學論叢……（一九八三年十月）

現代中國學術論衡……（一九八四年十二月）

秦漢史……（一九八五年一月）

中華文化十二講……（一九八五年十一月）

莊子纂箋……（一九八五年十一月）

朱子學提綱……（一九八六年一月）

先秦諸子繫年……（一九八六年二月）

孔子傳……（一九八七年七月）

晚學盲言（上）（下）……（一九八七年八月）

中國歷史研究法……（一九八八年一月）
論語新解……（一九八八年四月）
中國史學發微……（一九八九年三月）
新亞遺鐸……（一九八九年九月）
民族與文化……（一九八九年十二月）
中國思想通俗講話……（一九九〇年一月）
莊老通辨……（一九九一年十二月）

二〇二二年，三民書局以全新設計，將先生作品以高品質裝幀，隆重推出珍藏精裝版，沉穩厚實的木質色調書封，搭配燙金書名，彰顯國學大家的學術風範，並附贈精美藏書票，期能帶領讀者重回復古藏書年代，品味大師思想精髓。

謹以此篇略記出版錢穆先生作品緣由與梗概，是為序。

三民書局
東大圖書 謹識

序

我去年八月曾在空軍松山基地作過一次講演，題為「反攻復國前途的展望」。十月來臺定居。十一月又赴空軍各基地作巡迴講演凡八次，以中國文化為中心分講八題。空軍總部政治作戰部整理各次錄音，送我校改，集為一書。並增附我在三軍聯合參謀大學，海陸空三軍官校及陸軍第二集團軍官團分講三題，取名《中華文化十二講》。

講述文化，必從兩方面入手。一則文化千頭萬緒，必從其各方面各部門分別探究，而認識其相互匯通，以合成一大體系。二則文化非一成不變，必從其歷史演進中分別探究其隨時因革損益，以見其全體系之進向與其利弊得失長短輕重之所在。我在對日抗戰時期曾寫《中國文化史導論》一書，即從以上兩點著眼。

避共港居，初次來臺，曾在師範大學及陸總政戰部作過兩番連續性講演，均記錄成書，一為《文化學大義》，一為《中國歷史精神》。嗣又在國防研究院講「民族與文化」，亦將講演記錄成書。此次空軍講演，乃我對中國文化作有系統講演之第四次。每次所講內容，均從某一角度，偏重在某一方面發揮。雖可相通互足，而其著眼與側重點則並不全同。讀我此十二講者，倘能再看我以前之各集，庶於我所闡說有一更完備之了解。

我此次遍歷空軍各基地，獲與各地官長士兵接觸，參觀其各項設備與活動，深信我空軍健兒精神飽滿，志氣壯旺，退足以保安全，進足以勝任反攻復國之大命。並使我更益深信我中華傳統文化精義，實無背於時代潮流，而仍有其更高更大之啟示。即以我所目睹之空軍生活而言，亦可有不少之例證。

我常愛讀唐以下各派禪宗祖師與宋明理學諸儒之語錄，尤其關於心性修養方面，認為此乃我中華文化傳統精要所在。此次歷經空軍各地，雖屬匆促，卻覺空軍生活實有堪與禪宗理學之所揭示相證發者。從前禪宗及理學家修心養性，有一共通主要之點，厥為空諸所有，繫心一處。理學家說敬說靜，敬即教人隨時隨地心主一處。靜則教人心主於一，更不為其他外物所動。理學家所反對於禪宗者，禪宗祖師只求繫心一處，而不復求此心之用。故理學家謂之有體而無用。心繫一處是為體，此心落於空虛則無用。故又謂其彌近理而大亂真。今我所睹空軍生活，其實亦是要繫心一處，然而卻是繫在一真實有大用處。試問駕駛飛機，升空臨敵，在個人則是一死生關頭，在國家民族文化傳統則是一存亡絕續關頭，豈止軍事上之或勝或敗而已。若非心在一處，焉能勝任而愉快。

我觀空軍各休憩室，均稱待命室。一當命下，即有緊急之動作隨之，其間不容以瞬。孔子曰：「不知命，無以為君子。」人生實各有一大責任、一大使命。若我們知得有此大命在身，自然會無朝無夕，無作無息，而此心常主在此。常動即是常靜，常靜即是常動。動靜一致，使此生命永恆圓滿，無虧欠，無間斷，此乃人生最高境界，亦即人生最高理想。

空軍某一軍官告我說：「每一基地、地勤空勤，各有分職，而莫不緊密相關，聯成一體。若一人一職疏失，即可影響到全體之各部。」我又參觀某一基地，其士兵終日夜坐暗室中監視雷達，稍有蹤影，即遍告各地。其所任職務，極單純，又極嚴肅。若論其部隊之本身生活，則可謂乾枯之至。然其在全軍中之任務，則實是機動之至。空軍後方如前線，平時如戰時，故能使其全部隊人人具有緊密聯成一體之警覺。使人人各自繫心一處，而其各別繫心之處則相互會合，融成一體人而後可以完成全體空軍之一大使命。

我又參觀空軍駕機升空之種種衣裝設備。在其一身，自頂至踵，幾成一機器人。其機上座位四周，則完全是一機器世界。人則在此機器世界中全仗一心指揮運使。科學愈進步，機械愈發展，在此愈益唯物之環境中，乃愈見心靈活動之重要。物則依心為主，心則與物為體。宋儒「萬物一體」，「民吾同胞物吾與也」之格言，在空軍生活中，豈不更易具體指陳其內涵意義之真實性。

我因此次到空軍各基地，遂更親切悟到中國禪宗與宋明理學家所發揮之心性修養，實非僅在深山寺廟與私人書齋中一番閒談論閑工夫。即使現代最機械、最緊張的鬥爭場合中，依然同樣需此訓練，合此教義。空軍如此，海軍、陸軍事可例推。軍隊如此，工商實業界亦可例推。軍事與經濟如此，政治、教育乃及其他一切文化要項，同樣亦可例推。要言之，中國歷史上唐、宋、元、明四代禪宗理學家所言心性修養工夫，既可通之現代最機械、最緊張之空軍生活，豈有不能通之其他職務乃及一應日常人生之理。我中華文化傳統中所言之心性修養，更當上溯之於先秦儒道兩家，而更主要者則為孔孟教義，此誠我中華文化主要精義所在。只要我們每一人從其各自崗位上，能善加體會，善加推擴，上達至於全民族全人類之文化大體系上，而心知其意，則凡我中華先民先哲之所啟示，其在人類心性精微處，在人類生活廣大處，早已提綱挈領，抉發出其大義，揭露出其要旨，為我們奠下了一基礎，指示了一大道。

莫要說我們今天該是一民主社會了，其實民主社會仍需要此一套人生之大理論與大方向。莫要說我們今天該是一科學時代了，其實科學時代亦仍需要此一套人生之大理論與大方向。而要走上此大方向，實現此大理論，則有待於我國人各自有其一番心性修養。惟此最為我中華文化傳統對全世界、全人類文化前途有其大貢獻之處。我此十二番講演所特別著眼注重之點，亦正在此一角度上。因此在本書出版之前，即本我此次演講時親所悟得，略加闡說。以備關心文化復興一大任務者，繼此作為共同進一步之研究。

我此講演集之得以問世，首當對空總政戰部之邀約，及其錄音整理成為初稿，以及其代為出版諸事，敬致我衷誠之謝意。

中華民國五十七年七月二十四日錢穆識於臺北金山街寓廬

中華文化十二講

目次

一、中國文化的中心思想——性道合一論

今天我感覺得非常榮幸，也非常高興，能藉此機會在空軍八個基地作一次巡迴講演。我最高興同軍人講話，因為我們國家民族前途反攻復國的重大責任，主要就在我們軍人身上。特別是空軍，雖在後方，實如在前線。雖在平時，亦如在戰時。大後方社會平安和空軍息息相關。我能來此講話，自感無上興奮。

而且我們自大陸來到臺灣，一切進步中最大的進步就在軍方。尤其是一般軍人對於學術知識方面的追求，這種風氣已表現了很好的成績，這是大家公認的事，亦是向所未有之事，我當先向諸位親致十分誠懇的敬意。

在去年，我們總統提出了復興中華文化的號召，這是民國創建以來一件最可喜的大事，其中

具有極深刻的意義，極重大的價值。我們可以說，我們國家在近幾十年來遭受到種種困厄災禍，其最大原因，正為國人失卻自信，不自尊重，把自己文化傳統看得太輕了，甚至對自己文化產生一種輕蔑而排斥的心理，這是一切原因中之最大主要的原因。

過去有所謂新文化運動，提出許多不合理的號召，結果循致共黨竊據大陸。最近在共黨中，更有所謂「文化大革命」，要從根本上來毀滅我們的固有文化，這實是極荒謬極殘惡的舉動。我們要復國，主要在復興文化。文化能復興，國家民族才會有希望，有前途。

任何一個國家民族，它能綿延繁衍，必有一套文化傳統來維繫，來推動。倘使一民族本身無文化，專待學別人，其前途必有限，其希望亦黯淡。我們是自己有文化，而且這一套文化又發展得很深厚，很博大，很精密，深入人心，牢不可拔，一旦要全部丟掉去學他人，其事更難。所以我們必須自尊自發，大家一致同心，來響應復興中國文化這一偉大的號召，這是有關國家民族將來前途最基本所在。

我這一次來到空軍八個基地講演，講題只集中在復興中華文化一問題上。分講八次，今天是第一次。希望此八次講演能有一個系統，來表達我個人對此問題的看法。

首先我們要問什麼叫文化？第二我們要講清楚中國文化之主要特質是什麼？而後我們才能來講如何復興。一般講文化的都認為文化就是人生，但此所謂人生，並不指我們個人的人生，而是指的群體的人生。人生是多方面的，一個社會，乃至一個民族、一個成群的大團體所包有的多方面的生活，綜合起來稱人生，也就是文化。文化這兩個字，本從英文翻來。在西方，有了一個新觀念，便會創造一個新名詞。在無此名詞之前，可證他們也無此觀念。我們譯的文化二字，英文是 Civilization，此字從希臘文變出，大意是指一種偏近城市生活而可互相傳播者而言，因此其意義所指不免偏重在物質方面。如說電燈，不是世界各地同時有電燈，一定從某一地開始，再傳播到另外一地去，這就是 Civilization。英國比較是近代物質文明最先起的國家，有輪船，有火車，有紡織機，一件一件的新東西，影響到世界人類的生活。他們創造這一新名詞，殊足自傲。但在當時，德國人就不滿意這個字，因德國的現代物質新生活比較後起，多半從外面傳來。德國人不滿意此字，便另造一新字稱 Culture。這字也從希臘文變出，比較是指偏近田野農作方面，如一切植物般有它自己的生命和生長。這是說一切人的生活和文化，主要不從外面傳來，卻從自己內裡長出，有它本身的生命。這兩字流傳到中國，我們把 Civilization 一字翻作文明，把 Culture 一字翻作文化。這兩字也可通用，有時說 Civilization 文明即是 Culture 文化，不必細分。但若細分來說，卻更具意義。

我們用來翻譯的文明、文化兩字，在中國古經典裡自有來源。《易經・賁卦》的〈彖辭〉說：「剛柔交錯，天文也。文明以止，人文也。觀乎天文以察時變，觀乎人文以化成天下。」《小戴禮記・樂記》篇亦有「情深而文明」之語。可見文化、文明、人文這三個字，本出於中國古經典，但用來翻譯近代西方新起的觀念，卻恰相符合。現在先說中國人如何講人文。《說文》上說：「物相雜謂之文。」那文字正如現代白話說花樣。人生是有種種不同的花樣的。如有男人、有女人，這就是天地生人一大花樣。又如有年老人、年輕人，這又是人生中的一花樣。天地生人，只生的一個一個人，但人卻從此種種花樣中來化成一個天下。天下便是人生一最大群體。人生群體不由天生，乃由人自己化來。如家庭與國與天下，這都是人類文化中自己化成的。天生人有男有女，可說是自然的。但由男女化成為夫婦，這便是人文，是文化了。天地只生男女，並沒有生夫婦。禽獸草木都有雌雄，都有男女，但並沒有夫婦。男屬剛性，女屬柔性，所以說：「剛柔交錯，天文也。」這是天生的花樣，是自然的花樣。人類根據這一個自然花樣來化成了一對對的夫婦，又從夫婦化成為家庭，再擴大地化成為國，為天下，這些不是自然，而是人文。但人文究從自然中演出。儻使沒有了男女，試問何從有夫婦。我覺得中國古人創出這人文、文化兩字，是有一套極深的觀念在裡面。

至於文明二字，用中國古人講法，是說那些花樣要使它明顯化。如男女分別，要它表現得明顯，並能停止在那明顯的花樣上，則莫過於創出婚姻制度，便是文明。故文明實即是人文。《小戴禮》說：「情深而文明」，是說男女情深，那夫婦關係便更明顯。野蠻黑暗未開化的社會，可以無夫婦，可以夫婦關係不明顯，只因夫婦相互情不深，而不能停止在他們的夫婦關係上。這些是中國古人觀念，至今已兩千多年。我們可以說，西方有西方人的觀念，即其想法和看法。中國有中國人的觀念想法和看法。從這些觀念上想法和看法上的不同，慢慢就形成為東西文化之不同。

剛才講過文化一觀念，是近代西方一個新觀念，因為 Civilization 這字乃是近代西方新創的字。也可說，從前的西方人，只知有政治、經濟、軍事、外交、法律、以及宗教、藝術、文學、哲學等一切，但對人類大群體的生活，沒有一個涵蓋一切的名詞，像文化，亦即是沒有這觀念。到近代西方人才開始有文化一觀念。最近一百年來，幾乎大家都喜歡講文化一語。但在中國古人，很早便有這文化的觀念，即是超出於政治、經濟、軍事、外交、法律以及宗教、藝術、文學、哲學一切之上，對於人類大群體生活早有一個涵蓋一切的觀念了。

今要問：除卻上引《易經．賁卦．彖辭》這一段話之外，在中國是否有一個字可以用來明白表達出這一觀念呢？我想是有的。中國人對文化二字的觀念，常把一「道」字來表達。道，便是指的人生，而是超出人生一切別相之上的一個綜合的更高的觀念，乃是指的一種人生之共相。政治要有道，外交也要有道，軍事也要有道，法律也要有道，一切別相人生，都要有一道。男女相交也要有道，就是結婚為夫婦。成了夫婦以後，夫有夫道，婦有婦道。養了兒女，父母有父母之道，兒女有兒女之道。中國人這個道字，可說即相當於近代西方人的文化二字，而實已超出之。

如說「大道之行也天下為公」這一句話，如翻成現代語，大道之行四字，即是說世界人類已共同到達了一個最合理想最偉大的文化境界。道不能僅照字面翻說一條路，把大道二字說成現在語，實該說作理想文化一語乃恰當。由此可知中國人講的道，實已超出了西方人所講的文化，而中國人三千年前早已如此講了。西方人在現代物質文明方面的發明，只在兩三百年以內。有了文明二字，才有文化二字。可是中國人在三千年前便有了道之一字，這足證明中國民族之偉大，亦即是中華文化之偉大。

中國人講道，與近代西方人講文明文化，卻有一分別。西方人講文明文化，只講的人生外相，中國人稱此為象，即現象，那是表現在外面，人所看得見的，所謂形而下。如最近西方人來臺灣，他們都說中國進步了，進步在那裡？這都指的道路、交通、建築、生產，種種物質設備等現象，故知他們只看重表現在外邊的。而中國人講道，是指的人生本體，有其內在之意義與價值。西方人只看外面現象，沒有一個更深的人生意義和更高的人生價值的觀念包含在裡面。那就是不論意義，不論價值，就人生論人生，就現象論現象，不比中國人講道，必有一個意義和價值在內。

更深一層講，近代西方觀念，似乎只認為有了火車、輪船、電燈、電話，種種物質文明之發現，便可把全世界人類化成一體，化成為一個天下了。但中國古人觀念，則注重在人類內心相互間之感通上，認為如把男女化成夫婦般，如此推去，才能把世界人類大群化成一體，成為一個天下。所以他們說文化傳播，我們則說大道之行，在此一觀念之分歧上，便形成了中西文化之兩型。

以上是把中國的語言文字來說明中國人觀念，再拿中國人觀念與西方觀念相比，這是同中求異。見其異，才可從此異處來批評其是非得失。但討論文化，既要同中求異，亦要異中求同。今再論人類文化同處在那裡？人生貴能擴展，擴展便成社會。又貴能綿延，綿延便成歷史。社會求其能大，歷史求其可久，此乃人類文化一共同趨向。中國社會到今已擁有六、七億人口，所占土地比整個歐洲還大，而歷史綿延則在四、五千年以上，比任何一個現代國家長得多。此可大可久之最後綜合體，即是天下。即由此一觀點，也可說明中國文化之合理與偉大處。

有好多人曾問我，能不能簡單用幾個字或一句話扼要說明中國文化之中心思想及其主要特質之所在，我想這問題不易回答，但總想要回答，我此刻要大膽地提出四個字一句話，認為是中國文化的中心思想與其主要特質之所在。那四個字是「性道合一」，出典在《中庸》，「天命之謂性，率性之謂道」兩句。

現在先講道，道就是人所行的路，那是形而下，可見的。但人為何該行這路，必有一所以然，那所以然是形而上，不可見的。我們講話常說道理，中國人最重講道理，便是不識字人也懂要講道理。如說：「你這人講不講道理呀！」「這是什麼道理呀！」道理這兩個字，中國人最看重。但把道理二字分開說，便有不同。如說人道，便是人生該行的道，但不能說物道。如說物理，便是該物可以使之然之理，但不能說人理。可見對物只能講理，不能講道，和對人不同。如講天，則有天理，有天道，兼了人物兩面。近代西方科學是研究的物理，但沒有研究到人道。科學是不講人道的。若講人道，便不該發明核子武器。中國文化多講了人道，但少講了物理，所以有人說中國文化是重人文的，西方文化是重自然的，這也有道理。我們該說，中國文化看重在人一邊，西方文化則看重在物一邊。

中國人又常說道、術，道、術二字同是一條路，故可合稱道術。分開用，術是指的技術。講究物理，最重要還是要講術，講究如何駕馭使用各種物的術。甚至可以把物由這樣變成為那樣。道，是教人從這路的這一端通達到那一端，不是要把人由這樣變成為那樣。《中庸》說「修道之謂教」。可見中國人觀念，教育是一種道而非術。道和術同有一目的，術的目的比較低。如講軍事，要使這場戰爭得到勝利，這就有戰術。至於為什麼要有這場戰爭，這場戰爭目的何在，這乃是道。必先有了道，才能講到術。道是先決的，術是次要的。科學上一切發明，一切技術，都屬次要。若沒有一先決的道，專來講次要的術，則科學上一切發明，雖也都是真理，但那些真理，可以用來幫助帝國主義、資本主義，也可用來幫助共產主義、極權主義。只因科學本身沒有道，只有理。把這些理表現出來，只是一些術。都是次要的，卻不是先決的。如經商，也有種種術，推而至於廣告宣傳，甚至可以跡近欺騙，這都是術，卻可以沒有道。若說它亦有道，則只可稱之為小道。

資本家發展企業，主要目的只為爭取利潤，為私人打算，至於其供應人生需要，卻變成為一手段，所以是小道，不是大道。中國人講道，還有正邪之別。有該走的道，有不該走的道，所以說盜亦有道。那些則只是邪道，連小道也說不上。只是一些術，而且亦是邪術。中國文化重道不重術，西方文化似乎有些重術不重道，此又是一分別。

我們再講性，中國人最看重這個性字。孔子講性相近，孟子講性善，荀子講性惡，《三字經》開始便說人之初性本善，中國人特別看重這性字，因此有許多探討，許多爭辯。近代中國知識分子讀西洋書，不見有這性字，於是便說，中國人所謂性，只是西方心理學上所謂的本能。其實此兩者絕不同。也有人說性就是自然 Nature，但其間也不同。由中國人想法，只能說性亦自自然中來。人亦是一自然，但在自然中仍有性。一切有生物無生物都是自然，但不害於萬物之各有性。性何自來，則由自然來。《中庸》說：「天命之謂性。」這一大字，也可說之為自然。依照西方人講法，科學顯與宗教不同，自然顯與上帝有別。但照中國人講法，這兩者間卻可以相通，並亦無大分別。性字的含義中，似有一個動力，一個嚮往，一個必然要如此的意向。一切有生物，尤其是人，顯然有一個求生、好生、重生、謀生的傾向，有一種生的意志，這即是性。人性在大同中有小異。人有人性，物有物性，有生物無生物各有性，此又在性之大同之下有小異。近代西方科學，乃從物性來發明出物理。中國傳統文化，則從人性來指示出人道。西方科學家只說自然，中國人則認為物有物性，才始有物理可求。西方宗教家只說上帝，中國人則說天生萬物而各賦以性。性是天賦，又可說是從大自然產生，故曰「天命之謂性」。

《論語》裡不多講性，但多講到命，因性是天所命，知命即就知性了。現代西方人講生物學、生理學、心理學，都沒有講到性字。心理學裡的本能，那絕非中國人講的性。民國以來，中國知識分子追隨西方，多知有心理學，但亦很少來探求人性。但中國傳統文化則是最看重人性的。現代西方所講的心理學，主要從物理學生理學講起，如眼睛怎麼能看，耳朵怎麼能聽，主要從身體的機能上來探求。中國古人講性，超乎物理生理之上，與西方講法不同，這也是雙方觀念不同而產生出文化不同之一例。

以上講到中國人所極看重的兩個觀念，一是「道」，一是「性」，這兩字要翻成西文翻得恰好則很難。似乎西方人沒有這兩觀念，至少是不重視這兩觀念。我們則又要把此兩觀念綜合，說成性道合一，此乃中國文化中心思想與其特質所在。一向太看重西方思想的人，對此不免要感到陌生，實則十分易曉。照中國傳統想法，只認為人生一切大道必是根源於人性，違逆人性的絕不是人道，這說法實極簡單，然而是顛撲不破的。

現在說到人性，中國儒家孟子主性善，荀子主性惡。耶穌教有原始罪惡論，說人類降生就因犯了罪惡。所以一定要信耶穌講的道，才能贖罪，靈魂才能重回到天國去。這近是荀子一邊的講法。但在中國人想，我的身體也是天給我的，身之內有此心，心裡面像有一核子般便是性。不論此性是善是惡，總之人生一切活動，都是根於人性。荀子舉出種種證據說人性惡，所以要教育，要法律。若無教育法律，試問這社會將會向上抑向下？但我們要知，天之生人，只生了人，沒有生人的文化和人道。人的一切文化和人道，還是從人自身逐漸發展而來。教育和法律，也是從人自身發展而來。荀子說人之性惡，故要聖人，但聖人豈不亦是從人群中自己發展而來。荀子說法就難通了。

孟子說法便和荀子不同。他舉一葬禮來說，他說喪葬之禮本來沒有。他推想說，最古的社會，父母死了，便把死屍扔到荒野去。某一天，某一人，偶然跑到扔他父母死屍的所在，看見狐狸和狗在咬死屍的骨，蚊和蠅在吸死屍的血。他看了心有不安，額上泚出汗來。急跑回去，拿些東西來挖一個坑，把他父母死屍埋了。回來和別人講起這事，別人也想自己也把父母死屍扔在荒野，不免也跑去挖一坑，也把來埋了。這便是葬禮之開始。孟子這一推想很有理。可見葬禮正從人的天性開始。性從那裡見？正從人的心上見。當他看見自己父母死屍在荒野裡被狐狸和狗咬，他心裡自會感到十分不安。因此不安，他才想出一個方法把死屍埋了。這心之不安，後人稱之為孝心，由孝心便有孝道。把屍體埋了，後人稱之為葬禮，這便是一種術。因可以有各種葬法，如土葬，如火葬，總之要把死屍作一安排，這一安排之起源則在心。心之所同然則稱性。也可說人之對那屍體厭惡便扔出，也是性。那是人先起之性。扔屍體該有一好安排，那是人後起之性。那是人性之繼續發現，雖是後起，還是人性。性之繼起，卻多是趨向於善的。所以中國人後來都信從了孟子的性善論。

當然那最先把死人屍體作妥善安排的人，也只是一平常人，絕不是一聖人。但聖人便從平常人中來。聖人先得我心之同然。我心，你心，大家的心，都一樣，三千年前人的心，三千年後人的心，還是這樣。就因為在人心深處有一性。把此人心同然處表現到恰好之極的是聖人。聖人也只是由自己天性發展而來，並沒有其他奇特。此一番理論，有人類文化歷史演進之種種事實作根據。最先懂得要埋葬他父母屍體的人，便是先知先覺。繼起效法來埋葬他父母屍體的人，是後知後覺。先知先覺發於至誠，此中庸所謂「誠則明」。誠是天給我們的，明是人自發的。後知後覺是覺得人家做得好，來效法，此所謂「明則誠」。他的效法也是出於至誠。至誠就是我們的性，一切由性發出的行為叫做道。

既然人性相同，則人道也可相同。白色人種可以走這條路，黃色人種也可走這條路，黑色人種也可走這條路，只要是人，都可走這條路，這條路便叫做大道。既是一大道，三千年前人乃至三千年後人也該時時可行。即如此刻所講的葬禮，就是全世界古今中外人類一條同行之道。不是由上帝，或一專制暴君，或一大哲學家大宣傳家，來倡導指使。乃是由人類自己內心創出。人人處處時時可行，故稱之曰大道。如賭錢，我贏你輸，我像是不覺得於心不安。如經商，大資本家可以憑他的大資本來吞滅別人的小資本，或剝削利潤，他占十分之八，別人占十分之二，他這樣，也像是不覺得於心不安。但這些終不是大道，甚至可說不是道。所以到今天，帝國主義終於要崩潰，資本主義也終於要變質。照中國人意見，我們該有一大道，大家能走，而又到處都通。賭博贏錢不是道，經商通有無是道，憑經商發財也不是道。把跑馬及其他賭博來為公眾謀利，把資本主義來求國家富強，中國人對此等終是看不起，認它不合道。中國人說率性之為道，要把人類天性發展到人人圓滿無缺才是道。這樣便叫做盡性。盡己之性要可以盡人之性，盡人之性要可以盡物之性，這是中國人的一番理論。這一番理論，急切做不到。有人起來提倡領導，這人便稱為聖人。

人同有此性，往往自己不知，或是模模糊糊知得不深。青年進學校讀書，總想將來自己有出路，但不注意求學要從性所近。此刻大家只知學理科有出路，學文科無出路。我有一朋友在前清末年學理科，但後來自悔說不曉得自己實在是性喜文科。他說我學科學易有止境，如學文科，或許能學得更高一些。他過了三十，才發現自己喜歡的在此不在彼。這樣的事太多了。但人性還能向多方面發展。喜歡科學的有時不知道自己也喜歡音樂，如此之例也多。亦有人天性才氣只發展到七八分，沒有發展到十分。因此人的最高、最偉大的理想是能盡性。盡己之性，又貴能盡人之性。學不厭與教不倦，貴能一以貫之。《論語》第一句便說：「學而時習之，不亦悅乎。」學便是要能盡己之性。又說：「有朋自遠方來，不亦樂乎。」由自己啟發到別人，自有人不憚遠行來到你面前。接著第三句：「人不知而不慍，不亦君子乎。」學問到高處，盡性到深處，人不能知，也無怪。孔子做到了聖人，他的學生們不了解，但自己有樂處，也自然無慍了。中國人講道理，如此般簡單，但實是深合人性。

但人性不是專偏在理智的，理智只是人性中一部分，更要還是情感，故中國人常稱性情。情是主要，智只是次要的。中國人看性情在理智之上。有性情才發生出行為。那行為又再還到自己心上，那便叫做德。人的一切行為本都是向外的，如孝父母，當然要向父母盡孝道。但他的孝行也影響在自己心上，這稱德。一切行為發源於己之性，歸宿到自己心上，便完成為己之德。故中國人又常稱德性。這一德字，在西洋文字裡又很難得恰好的翻譯。西方人只講行為造成習慣，再從習慣表現為行為。中國人認為行為不但向外表現，還存在自己心裡，這就成為此人之品德或稱德性。性是先天的，德是後天的，德性合一，也正如性道合一，所以中國人又常稱道德。

根據上面講法，我們可以說，中國文化是人本位的，以人文為中心的，主要在求完成一個一個的人。此理想的一個一個的人，配合起來，就成一個理想的社會。所謂人文是外在的，但卻是內發的。中國人所講的人文主義，人文求能與自然合一。現在人總分自然人文為兩面。科學只講自然，後來覺得太偏了，才又增出人文一面，稱為人文科學。雖是平列，卻亦是兩分的。中國人看法，性即是一自然，一切道從性而生，那就是自然人文合一。換句話說，即是天人合一。其主要合一之點則在人之心。故也可說中國文化是性情的，是道德的，道德發於性情，還是一個性道合一。

此刻我們講文化，總喜歡把中國的同西方的作比較，這些比較有好處，也有缺點。如說西方文化是物質的，中國文化是精神的，這句話就有毛病。中國文化未嘗不講物質，如這性字，也不能不包身體在內。如說食色性也，飲食男女，都是自然的，中國文化絕不抹煞了一切物質而只重精神。又說中國人好靜，西方人好動，中國是一個靜的文化，西方是一個動的文化。但靜不能不和動相配合。一動一靜，一陰一陽，中國人從來不曾把來硬分作兩面，亦從不主張這一面來排拒那一面。又如說唯心論、唯物論，西方哲學家有此分別，中國思想中則無此分別。凡如上面所舉的分別，只是根據了西方，從其相反處來講中國，因此不能無缺點。今天我提出性道合一四字把來作為中國文化之中心思想及其主要特質所在，自然也只是個人一時說法，其繼續發揮，則有待此下之諸講。

自從總統提出復興中華文化的口號以來，有一個好現象，即是大家不再隨便亂罵中國文化，又都說我們要復興中國文化。但有人當然是出於真意，而有人只是隨便講，在他心裡還是覺得西方好，中國不好。其實縱使如此，也是沒法。如我生下來是頭獅子，就不能學一隻老鷹在天上飛。我生下來是隻老鷹，我就不能學獅子高踞山上做萬獸之王。此亦是性道合一。各盡己性，則一切活動都平等是道。但一切文化中並不都是道，有合道，有不合道，各有長處，亦各有短處。我們貴能異中求同，又貴能同中求異，莫要認為他們的太好了，我們的便都不如人。文化前進是曲線的，有時高，有時低，把我們此時來比西方，不用說西方在上，中國在下。但把全過程看，中國在西方之上的時期也不少。而且目前西方已開始在走下坡路，可惜我們這五六十年乃至百年來白過了，而又自尋短見，自投絕路，種種糾紛都是自己找來。最大的毛病，在我們不認識不愛惜自己文化，循至於無路可走，只有私人各奔前程，各走各的路，瀰天漫地只是功利，只有自私，只顧眼前，把國家民族擺在後。今天我們第一能不漫罵中國文化，第二要能從各方面去認識中國文化，那就前途無量。我今天所講，也只是要人從此一方向去認識中國文化。中國文化主要重在人，就在我們中國人各人的身上。我們且不要看不起中國人，也不要看不起自己。中國文化只是中國人一個影子，中國人也只是中國文化一個影子。今天所講，比較是一個大題目，諸位若能由此來看中國社會、中國歷史，自可續有所證明，續有所發揮。若有能找出另一句更恰當更簡單更扼要的話來講中國文化，那自然更好。希望大家都能在此方面用心，中國文化自然便可有復興有發揚光大的一日。

二、中國文化中的人和人倫

今天講的題目是「中國文化中的人和人倫」。昨天我講「性道合一論」，說明人性表現為人道，人道根據於人性，此性道合一四字，是否可把我們中國文化博大精深悠久的形成，說出一所以然來，我也不敢確定，只當是一種試探。今天要繼續講性道合一在中國文化中的具體表現。

文化本是人造的，沒有人，就沒有文化。但文化也能回轉來創造人。任何一種文化，其本身必然有一種內在的理想，而且也該有一種力量叫人隨著此理想而發展，而成為此文化體系中所理想的一個人，此之謂文化陶冶。今天我要講中國文化中所理想的人，即是根據中國文化理想而陶冶出來的中國人。要講中國人，該先講中國人對人的觀念，即什麼才叫做人。在此方面，我們中國人卻抱持一種特殊的觀念。

簡單的講，中國人認為人應該在人群中做一人。從事實看，沒有人不是在人群中做人的，每一人都不能脫離社會。此一事實，似乎是無可懷疑，無可爭論。但如我們今天都要講獨立，試問怎麼獨立呢？還是脫離人群而獨立，抑還是在人群中獨立呢？那就有問題了。又如講自由，是在人群裡自由，抑是脫離人群來講自由呢？又如要講平等，也是一樣。抑是在人群中爭取平等？還是怎樣般的平等呢？西方自法國大革命以後，提出了獨立、自由、平等這幾個口號，人人要爭取，好像成為人類最高理想，誰也不能否認。但那些實際上都是要在人群中來爭取。我今所講，則是人要在人群中做人，與上述意義有些不同。在民國六、七年以後，有所謂「新文化」運動，大家認為中國人舊有的一套要不得，只有西方人講的對。北歐有一位文學家易卜生，寫了一本小說，小說中女主人娜拉，不滿意她的丈夫，不滿意她的家庭，離家出走，對她丈夫說，從今以後，她再不想在家裡做一個妻，要到社會上做一個人。那時我們把此小說竭盡宣揚，認為娜拉所說，便是最高新人生的指示。但我要問，她跑進社會做一人，如何般做法？或者跑進醫院當看護，或者跑進學校當教師，或者跑進任何政府機關商業機關中做事，她還是要在人群中做人。人不能憑空做，脫離家庭，仍不能脫離人群。不做家庭主婦，還是要做看護，教師，書記等，不能擺脫了一切人與人的關係去做人。不能離開人群，一人獨立自由地去做人。只有魯賓遜漂流荒島，始是一個人做人，可是他還帶了一條狗。他不與人相處，還須與禽獸為伍。那條狗便是他忠實的僕人，與他相依為命。他還得要一把斧頭，築屋而棲。他不僅要與禽獸為伍，還須與草木為伍。魯賓遜不在社會做人，也得在天地萬物間做人。中國人認清這一事實，認為人一定要跑進人群社會裡去做個人，這就是人生大道。而且人要在人群中做人，也即是人的天性。魯賓遜在荒島，又有另一人跑去，他一定很歡喜。他在荒島上住了幾年，還是要回到人群社會中來。

中國儒家孔孟所講最重一仁字。「仁者，人也。」仁就是做人的道理，就是人與人相處之道。又說：「仁，人心也。」人的心就喜歡那麼與人相處。只此仁字，便是性道合一。

中國人把一仁字的觀念來看人，所以說：「四海之內皆兄弟」，「民吾同胞，物吾與也。」又說：「中國一人，天下一家。」用中國人的話來講，如說中國人，外國人，人總是人，不該有分別。又如說日本人、英國人、美國人、印度人，豈不大家都是人？若用其他民族的語言來講便不同。如用英語，不能說 China man，那是侮辱中國人，他們對中國人十分不客氣，不禮貌的時候，才會叫 China man。他們說 Chinese, Japanese, American, English, French，著重在上面的國別，不著重在人，人字只成了一語尾。若如我們說廣東人、福建人，上面只成為一形容詞，著重在下邊的人字上。若把語言來代表觀念，此一分別非常大。如果中國話通行世界，很易使人走上一條大同和平的路。

但中國人在人的中間卻有種種不平等的分別。如說聖人、賢人、善人、君子人、大人、小人、惡人、壞人，甚至於說不是人。中國人說衣冠禽獸，其形是人而根本不是人。後來儒家又說：「不為聖賢，便為禽獸。」人與禽獸之間相隔甚近，甚至不做聖人賢人，就變了是禽獸。孟子說：「人之異於禽獸者幾希。」幾希只是那極微少的一點兒，而中國人則特別看重那一點兒。在西方觀念中又似乎並不看重這一點兒。如他們講心理學，把一條狗，一隻兔子，一隻老鼠做試驗，把狗兔老鼠的心當作人的心看待。固然狗兔老鼠的心也有與人心相類似處，但狗兔老鼠畢竟不是人，中間究是有幾希之別。心如此，性亦然。孟子詰問告子說：照你講法，犬之性如牛之性，牛之性如人之性，這中間沒有分別嗎？孟子則主張這幾希之間有大分別。愈能分明此幾希之間的便是大聖大賢。這幾希之間漫失了，便與禽獸不相差。這些幾希之辨，當然不重在身體生理上，而更重在心性心理上。人與人的相處之道，與獸與獸的相處之道有不同。人道與獸道之不同，主要乃在人性與獸性之不同。外國人很少講性，因此他們講的道，也與中國人講的有不同。耶穌說：「凱撒的事凱撒管，上帝的事由我管。」耶穌是上帝派到世上來講道的，他所講的是進入天堂之道，講人死後靈魂如何上天堂。至於社會上一切人事，他不管，由凱撒來管。耶穌是當時羅馬帝國殖民地中的猶太人，是凱撒統治下的一群奴隸，耶穌只期望上帝來拯救他們，並也救了羅馬人。現實世界的一切，他無可管，所以重在講人的靈魂。直到西方文藝復興，由靈返肉，又轉過來重在講肉體生活。中國人則注重講人與人相處之一番人道，因此相互間有不同。

要講人與人相處，便要講到人倫，又稱倫理。總統提倡文化復興的口號，把倫理放在第一位。人倫的倫字，也如絲旁的綸字般，兩條絲以上始有綸，兩個人以上始有倫。倫是人與人相配搭。一個人跑進社會，不能不與社會中其他人發生關係。中國古人把此種關係分作五倫，即是說人在社會上大要有五種配搭，或說五種搭擋。父母、君臣、夫婦、兄弟、朋友稱五倫。任何人一離娘胎，生下地，來到這世界，就得與父母作搭擋。而且在人未投進此世界以前，這一搭擋早已配搭上。上帝不會在荒野無人之地憑空掉下一人來。我們的生命也不是自主自由，由我自己生。生命本身並不獨立。而且也不是我要生在這家就生在這家，我要生在這國就生在這國的，因此人生也根本不自由。在新文化運動時，有人提出非孝的理論來，反對中國傳統所講的孝道。因為父母也不是自由自主要生一個我，要生男生女都不知，究竟能不能生一個子女也不知，而偶然地生下一個我來，我和父母之間便可說根本沒有什麼關係的。這話究竟講得通，還是講不通？你且莫問父母究竟是否有意要生一個你，你且問你究竟從那裡來的，你的生命由誰給了你。這且不管，你生下以後，還是不能獨立的，還需要父母的養育和照顧。就你一份良心，要報答父母養育，就該有孝道。中國人講慈講孝，其實還不都是講的一個仁字。這仁字，也可說是我們人類的心，同時亦是性。其他禽獸同具生命，而或者未具此心與性，相差只在此幾希間。中國人很重報本，亦即是報恩。父母對我有恩，我該報。不僅在父母生前，死後還有祭，這是表示我自己一番情意。父母已死，我的祭，究竟對他們有什麼好處，我不管。我只自盡我心。祭父母，祭祖宗，乃至祭天地，皆是我這一番報本報恩之心而已。禽獸無此心，人性與禽獸性不同，因此人道也與禽道獸道不同。由於慈孝而推廣到人與人相處的一番親愛之情。人群中必需有此一番親愛，始能相處得好。此一番親愛的心需要培植，最好從家庭父母對子女，子女對父母的情意上培植起。子女對父母能孝，才會對其他人有親情愛意。從人道上講，孝不盡是為孝，不專是為自己的父母，這乃是人道之根本所在，這是中國人觀念。

西方觀念有些不同。近代西方社會裡，做父母的一開始就教子女獨立，經濟分開，子女有子女的一份。長大以後，要他單獨自立，有一個職業。我曾遊美京華盛頓，看到美國很多議員的子女都在街上奔波作派報童。他們家應有錢，不必賴子女送報為生，其目的就要教他們懂得要獨立，這是對的。如果子女始終只懂得依賴父母，父母老是撫養他子女，這絕不是辦法。但天下事不能單從一頭講，遇到雙方相異處，該有個比較，知得其間有得有失。人與人之間多有一番親情愛意，此與各人生活能獨立能自由，把人與人的關係分開得遠一些，當他是一小孩時，便讓他知道要獨立要自由，一方偏向在理智上，一方偏向在情感上，那是不同的。但不能一方全對，一方全不對。中國文化重仁亦重愛。分別此一番心情又可有等級。最先第一級是愛，如愛動物，愛花草樹木，西方人教導小孩也很重這些。愛的進一步始是仁。仁是對人與人而言，此一種心地則較高。更進一級是親，親比仁更進，人可以有愛而不仁，也可以能仁而不親。所以說「親親而仁民，仁民而愛物」，這三個字在中國人用來分量不同。若只說博愛，卻用不到父母身上去。人對父母須懂得一親字，連仁字都不夠。這些分別，須從各人自己心情上去體貼，空講無用。中國人看重父子一倫，講孝道，其主要用意在教人懂有親。能親自能仁，能仁自能愛。這裡可以奠定人們做人的基礎，養成他一種良好而高貴的心情，然後推而至於對家庭，對朋友師長，對社會國家，對於全人類，到達一個理想的為人之道。

君臣一倫，現在是民主時代，似乎已經沒有了。其實君臣關係仍然是有的。沒有了皇帝，有大總統，一樣是君臣。除了政治上的君臣關係之外，學校有校長，在學校當教師，當職員，他們和校長之間也是一種君臣關係。公司裡有總經理，軍隊裡有總司令，工程團體有總工程師，社會上各種行業組織都有上司下屬，亦即是君臣關係。就使是無政府主義者所理想中的社會，仍然有君臣關係的。君臣一倫，不是教我們服從，而該是講一個義。中國古書上說：「門內之治恩掩義，門外之治義掩恩。」君臣一倫，主要在講義，講應該不應該。所以說：「君使臣以禮，臣事君以忠。」社會上一切事，總該有一個出令的，叫別人去做，這樣就成了組織，發生了君臣關係。這種關係該建立在義上。君使臣以禮，臣事君以忠，這都是義。在此君臣關係之內儘可有自由。你在這個公司做事不滿意，可以退出。在這個學校做事不適合，可以走。在這個政府做事不稱心，可以辭。不做官可以去做生意，不做生意可以去教書，任你便。所謂「以道事君，不可則止。」又說：「有官守者不得其職則去，有言責者不得其言則去。」古尚如此，今更當然。此與父子一倫不同。大家也許聽過這樣的話，說：「忠臣不事二君，烈女不更二夫。」在新文化運動時期，定罵此兩語是中國人從前的封建思想，所以孔家店就該打倒。其實此語既非孔子所講，也非孟子所講，又不是孔孟門徒儒家所講，而係出自《戰國策》齊人王蠋所言。其實此言亦非不合理。社會上歷史上，自有忠臣，自有烈女，只要合情合義，忠烈只該有歌頌，不該受誹笑。

古人又說：「男女有別然後父子親，父子親然後義生，義生然後禮作，然後萬物安。無別無義，禽獸之道。」此所說男女有別，並不是指男女授受不親言，乃指男女結為夫婦才是有分別。這是說，這一對夫婦要和其他別的夫婦有分別。中國古人又說：「人倫之道，始乎夫婦。」因有了夫婦，始有父子，人與人有了相親之意，才能講到義。近代西方也一樣，也認為夫婦該有別，離了婚才可以再結婚。禽獸也有雌雄，但無婚姻，無夫婦，即是無別。

西方人亦講夫婦有別，但沒有中國人講的嚴格。一個家庭可以有五六個孩子是兩三個父親所生，或者是兩三個母親所生，這就不如中國家庭的單純。但中國家庭似乎偏於看重了夫的一面，乃受今人訾議。如中國古代有「七出」之法，可以作離婚的理由。丈夫可以在七個條件中離婚，一不順父母，二無子，三淫，四妒，五有惡疾，六多言，七竊盜。第一條當然最重要。南宋詩人陸放翁夫婦情感很好，可是放翁母親不喜歡她的媳婦，放翁就只好跟她離婚了。可是陸放翁一直還懷念著她，所填〈釵頭鳳〉一詞，流露了他的感情。此因中國人把五倫會通作一個道理看，主要在不以此倫害彼倫，貴乎能以此倫通彼倫。所以說孝衰於妻子，是以此倫害了彼倫，便不好。又說事親孝，可移於事君忠。同樣是一種性情流露，便是以此倫通彼倫了。其他六個出妻的理由，都為著顧全家庭。多言有害家庭和睦，所以被出。但亦有三個條件不得出妻，一是有所取，無所歸。二是與更三年喪。三是前貧賤，後富貴。當你娶她時，她有家，你和她離婚，她仍可回娘家，仍可再嫁，那不要緊。若她沒有了娘家，無可歸了，便不該離。你娶了她，如你父母喪亡，她和你同守三年之喪，你不該在你父母喪後再和她離。第三個理由，當初你娶她時，你還是個貧賤人，現在你富貴了，便不該離。古人說：「糟糠之妻不下堂」，她陪你同吃過糟糠，你有良心便不該和她離婚。以上三條件，皆是人的良心問題。良心不許可，不待再講法律。單從男的一面講，有可離的條件，也有不可離的條件，這也不算得太過不平等。若說為何七去、三不去只從男的一方講，沒有從女的一方講，那是古今社會不同，卻不是故意太看不起了女的。

第四倫是講的長幼。長幼該有序，如進食堂，後到的讓先到的先吃。上車讓女人、讓老弱先上。社會該有個秩序。教人守秩序，最好從小孩時在家庭中教起。從前中國舊禮教，小孩吃一塊糖，總是告訴他們，小的讓大的先，從他幼小純潔的心靈裡就培養這種長幼有序的觀念。現代教育不同了，說要發展個性。小孩在家中最縱恣，一盤糖，可以搶，可以打架。大的應該讓小的，這也是一新秩序。但從心理上講來，從小養成他縱恣習慣，占便宜，大了要變卻是難，小的吃些虧，後來逐年長大，卻感到舒服。要大的吃虧，愈大愈吃虧，卻有些不自然。有人說，美國社會是年輕人的天堂，中年人的戰場，老年人的墳墓。照中國人想法，人到老年，快近墳墓，他已經奮鬥過一場，該讓他較舒服些。人生有一好收場，這也是人人內心所要求。中國人總是講要尊敬老年人，老年人舒服些，也不見得小孩會進地獄。小孩沒有教育，儘在天堂，他從來不知弟恭之道，長大了也不一定能兄友。中國人的兄弟一倫，也有它理由的。

朋友一倫重在信。我信你，你信我，互信才能互助，相親相愛。一個人進入社會，有此五般搭擋，但也不盡然。我們一生下來就有父母做搭擋，或許待我做父母了，未必有子女。所以中國人多講了子孝，少講了父慈，此亦是一理由。而且禽獸也能慈，孝則禽獸所不能，人禽之辨在此。所以中國古人更重講孝，勝過了講慈。

人性中亦兼有獸性，人性獸性同出於天，同本於自然，獸性也不全是壞。譬如開礦，有的在上層，有的在下層。人性中浮在上面粗處的便是獸性，深處乃見人性。此須人自己好好來開發。可能在人性中獸性占了十分之七、八，人性只占十分之一、二。荀子講人性惡，他只把那七、八分的獸性看重了，卻把一、二分的人性看忽了。如放一堆糖，看小孩們搶不搶，他們當然搶。反不如撒一把米在地上，讓雞跑來吃，各吃各的，搶得不如人劇烈。這因人的心智複雜，不加教養，人類中的獸性可比獸類更可怕。

中國古人又說：天、地、人，三才。天地能產生萬物，人類能創造文化，但人類也從天地自然而來，不能有了人沒有天地自然。現代科學發達，人卻說要征服自然，人本身即是一自然，自然如何能征服？人類智力到底有限，我們只有因任自然來發展人性。可是人性中夾帶獸性的分量多，我們要從大量的獸性中把少量的人性挖掘出，這項工作就要靠教育。教育不專限在學校，應有家庭教育社會教育相輔而行。中國的五倫，也都是教育。父子有親，君臣有義，夫婦有別，長幼有序，朋友有信，這是五條人生大道。這五條大道，對人生講，一條也少不得。人一生下，就有父母一倫是第一條大道。長大成人，結婚有夫婦一倫，是第二條大道。到社會做事，就有君臣一倫，是第三條大道。在社會上與人相處，普通的是長幼之別，特別的是朋友，這是第四第五條大道。那都是非常具體的。中國古人稱之為「五達道」。這五條大道，到處可通，故稱達道。那些道從那裡來？都從人類天性中發展而來。若不是人類本有此天性，也不能發展成大道。

或許有人會問，既是道原於性，何以有無道之人，有無道之世？則因人性獸性相雜，率獸性為獸道，率人性為人道。人貴能發展人性來主宰獸性，領導獸性，便能從自然中發展出人道。中國五倫之道正是如此。獸性同有生育，孝慈則人性所獨。獸性亦有交配，婚姻則人性所獨。若使人群相處有親、有義、有別、有序、有信，則人道自然昌明。此親與義與別與序與信之五者，都是人對外，主要是人對人的行為。行為發動在人，主宰在人。行為不僅影響了外在的對方，亦影響了內在的自己。如你對父母盡孝，父母接受也好，討厭也好，而自己行道成德，確然成為一孝子，受影響的主要還是你自己。對朋友講信，朋友信不信你不一定，受不受你影響也不一定，而你自己一定會受到影響，使你自己成為一可信之人。所以一切行為在對外，而影響必然及自身。「德者得也」，行道而於己有得是為德。

性由天生，德由己成。如我性喜音樂，本不自知，及在某一場合跑進了音樂的天地，才知自己喜歡音樂。音樂對我有安慰，我對音樂有享受。自己雖不是一個音樂家，卻知自己確有音樂的愛好。這一愛好是你的天性，若能常守勿失，也即是你的品德，你是一音樂之愛好者。所以德亦由性而來。中國人講道德，都要由性分上求根源。此所謂性，乃指的人性。如飢寒飽暖是身體上的事，此乃人獸所同。道德行為在外面固能深入人心，更有把握的是在內部深入己心。因道德由己心發生，還能深入己心，在心裡再生根，這就有了生命，成了德。中國人分人的高下，不在吃飯穿衣上，不在做官營業富貴貧賤上，只在其人之品德上。若抹去了品德，僅在法律上求平等，則有財富強力就是優，沒有財富強力就是劣。達爾文的生物進化論主張物競天擇，優勝劣敗，這一套理論，只能應用在生物界，卻不該應用到人類。優勝劣敗是自然，人類有了文化，自應有更高理想，不能僅如一般生物儘來爭個優劣勝敗。德國人自認他們日耳曼民族乃是世界上最優秀的，應該來統治世界其他的民族，結果引起世界大戰。可知人類優劣實應另有標準，不能專把財富強力來分。中國人講五達道，這一文化理想比較還是高一些。

講五達道，同時要配以智、仁、勇三達德。智是智慧知識，仁是人與人感情上的厚意，勇是勇往直前。古人講忠孝，講仁義，講道德，也未嘗不知要講這些道理，實際上會遇到困難。所以要講五達道，須運用智、仁、勇三達德來求實踐。

今天大家要講獨立、自由、平等，但人類社會上平等很難找，只在法律之前，在上帝意識中有平等，此外顯然有種種不平等。若只在法律之前有平等，只要不犯法，也就不見有平等。若在上帝意識中有平等，不到死後，也還是無從講起。若說獨立自由，在專制政治下爭自由，在帝國主義壓迫下爭獨立，固是對。在社會不合理狀態下爭自由、爭獨立、爭平等，這也對。若在合理狀態下，人生之真意義真價值，則並不在這些上。上面說人要在人群中做人。若在一個五達道的社會中，人生應有更高理想，更高嚮往。爭獨立、爭自由、爭平等，都是爭之於人，要向外爭。奉三達德，行五達道，則貴能反求諸己，自盡在我，不在向外爭取。道德最自由，誰也不能禁止我。道德又是最獨立的，因道德只在己，不靠外面。道德亦是最平等的，有德無德，不論外面條件。講道德只是講做人。人人都能做，並由一人自己單獨做，所以是最平等、最自由、最獨立。

要孝便可孝，要忠便可忠，只要你自盡此心。有人說，真理等於一張支票，到銀行可以換到錢的是真理，換不到錢就不是真理。像岳飛、文天祥，雖然耿耿精忠，可是他們自身死了，宋朝也亡了，這個忠的意義何在，價值何在？但中國人講真理，尤其是人生真理，貴從各人心上講。自盡己心，即便是真理。只要人心不死，即是真理常在。這也不是西方哲學中所講的唯心論。此刻講的是人生實踐。父母冷了，得設法找衣服給他穿，中國人講這一番理論，說深也很深，說淺也很淺。古人常以射喻，射高了或者射低了，不能怪靶子放高或放低，只是你射的不準。父母就像一靶子，行孝就像射一箭過去，射錯了，你雖然在盡孝，可是還挨父母一頓罵，這該怪你孝道沒有恰到好處，所以還要反求諸己，盡其在我。我只盡力做到我的一份，外面的不在我掌握中，我可不管。

從此深進一層講，我們就該有一個信仰，那就是人性善的信仰。剛才說，人也有獸性，但經過文化陶冶教育薰蒸，可以變化氣質，教人人向善。子孝可獲得父慈，兄友可獲得弟恭。人心有感應，我以此感，彼以此應。整個社會從一個人的心感去，不要短視，不要狹看。如岳飛是一個忠臣，在當時，他並沒有感動了宋高宗和秦檜，他似乎白死了。文天祥也一樣。可是我們當知，人類世代不絕的傳下，有些感應，不在當時，而在久遠。他們的忠，不曾保存了宋代，卻保存了我中華民族和中華文化之長久綿延。他們的一死，影響到後世，作用太大了。中華民族到今有四、五千年的歷史，我們雖在當身歷盡艱辛，卻該有一個信仰，奮發有為。這是接受了長時期的歷史教訓，黑暗之後必會有光明來臨。颱風過去，依然是光天化日。別的民族，正為缺乏了這一套深切的信仰，失敗了便翻不起身來。帝國主義、資本主義，爭富爭強，在人生大道上就錯了，自該失敗。失敗後只有另找出路，從頭做起。中國人這一套文化傳統，有時也遭挫折，但可保持它一種不屈不撓的精神。此種精神，不僅存在於此時此地，也仍然存在於大陸同胞的心裡，他們也會相信共產政權必敗，黑暗必會過去，光明必會再臨。這一種偉大的民族自信，即是我們文化的力量。這一文化，乃從一個一個人的真實偉大的品德而匯集積累成為一種不可破之大力。

諸位或會問，中國人是不是過分看重了品德，便不看重事業呢？這也不然。人總是要死，我們不能要求不死，但死了而猶有不死者存。又不是存在在另一世界，仍存在在此社會上。此種不死，中國人稱之曰不朽。人有三不朽，即立德、立功、立言。這三不朽的次序如何排定的呢？立功只是一時貢獻，立言始是萬世教訓，更高過了立功。立德則只在一己。上面說過，只是反求諸己，自盡我心。如岳飛、文天祥，也只是立了德，並沒有立到功。但我們講到大道，立功須有外面條件，有機緣配合。立言更難，所以說孔子賢於堯舜，又說是天縱之大聖。那亦有條件，不是人人可能。天生聰明且不講，如你是一個生在鄉村的小孩，沒有機會進學校，有的進入小學不能進中學，進了中學不能進大學，大學畢業不能留學，在這些條件下，一步一步被淘汰，難道在外面條件下被淘汰的便都是下級人，或不算人了嗎？若你要做一個大哲學家，大思想家，大教育家，社會固然需要，但不能人人能之。做一個大政治家，大軍事家，大外交家，大科學家，為社會造福利，建功業，也都要外在條件，但比較易一些。只有立德，是沒有條件的，人人能之。所以中國古人把立德奉為第一位。

立言何以最難呢？中國幾千年只有一個孔子、一個孟子，他們的言論可以傳諸百世，放之四海，但到底是太少了。人不自量，若我們高抬立言，人人想走這條路，到底走不上，徒增許多空言，或有一些完全不對的廢言，甚至會如洪水猛獸般為害社會。所以真能立言的人並不多。立功比較實在，人人共見，管仲就受到孔子的讚揚，因他對當時中國社會有大功勞。歷史上立功的人也比較多。立德是最基本的，但又大家可能，這才是人生大道。

今再問：立德何以能不朽？如孝行，是人生社會永會保留著不朽的，我們的生命與孝行結合，這就是不朽。忠與信與義種種諸德都如此。一個民族文化，亦需要此諸德結合，才能不朽。若僅有生命而無德，那只是獸道，非人道，根本不能望有文化，更不論文化之不朽。中國文化之偉大，為其能建立在人類崇高之品德上。如岳飛、文天祥，他們今天仍然活在中國歷史中國文化中。若我們把世界人類歷史細細比讀，作一統計，究竟那一個民族包涵此種崇高品德的人最多些，我想只有推中國，這也是中國文化傳統提倡立德之所致。立德最易，而能最受中國文化之重視，此即中國文化之偉大不可及處。

從前陸象山說，使我不識一字，也能堂堂地做一人。人能與天地參，與天地合稱三才，能堂堂地做人，便可頂天立地。善人也好，君子也好，大人也好，聖賢也好，做人該是我們人生第一個目標。能做一人，再能做一番事業，更好，但那是第二個目標。在事業中有立言一業，可以立言垂萬世，那更好，但只是第三個目標。現在我們都把中國古人這一次序顛倒了，大家都要求知識，都要發揮自己一套思想理論，要做一個人中最難的立言者。認為不得已而思其次，才到社會上做事，去立功業。立德則被人人看輕了，認為沒關係，不值得重視。人人可能的不重視，卻重視那不可能的，實是顛倒了。唯其太看重了不是人人可能的，於是要向外面爭條件，爭環境，怨天尤人，而結果還是自己作不了主，徒生苦痛，增不滿。此實與中國文化傳統背道而馳。把一切責任都推向環境，說環境不好，這也無奈何。宋朝亡了，元朝入主，一批流亡者在路休息，看見路旁有一棵果樹，大家都爭去摘果子解飢渴，有一位講理學的先生，他不肯摘。別人說，那果樹無主，任何人都可摘，你為何不摘？他卻說果子沒有主，我心有主，我不能隨便摘。那人便是許衡，後來蒙古王朝請他去教蒙古一輩貴族子弟，中國社會也總算得了一些救。天下大亂，每一人的心可以不亂。天下無主，自己一心仍可有主。不亂有主的人多了，社會自會平息，撥亂反治，由此而起。照中國人道理講，每個人好，世界也就好。否則河清難俟，要等世界好了自己再來做好人，只有畢生不做好人之一法。自己不做好人，還要告訴兒女說，世界不好，你也且莫做好人，會自吃虧。如此一代一代傳下，人愈來愈壞，社會風氣積重難返，如何得了。但仍有一條路，仍只有每一人各自先做好。天下縱亂，那五達道還是擺在前面，你不是依然有父母、有君臣、有夫婦、有兄弟、有朋友那五倫嗎？但要懂得如何行此五達道，便需你的智。要肯要願去行此五達道，便需你的仁。要敢去行此五達道，便需你的勇。我們要憑此智、仁、勇三達德，始能來實踐履行此五達道。讓我們各自拿出自己的大智大仁大勇來，在此五達道上向前，國家民族自會得救，我中華文化傳統也自會復興，自會光明燦爛，永無終極。我們且不要捨其易而謀其難，捨其近而求其遠，各自就眼前的五倫做起吧！

三、中國文化中理想之人的生活

我上一次講中國文化中之人與其道，所謂道，主要指人倫之道言。此一講，要講人生，和講人道不同。人生各自分開，各自有一番人生，不能向外取，也不能向外送。人有生活，草木禽獸亦各有生活，人在一般生物的生活之上應有別的成分加入，才能稱之為人生。所以生活不就是人生，生活只是人生中一部分。昨天我講中國文化中所理想的人，一定要參加到人群中去做一人，反過來說，人不能單獨做一人，一定要人與人搭擋起來才能做一人，那就必要對其他人有義務和責任，這義務和責任便是道。今天所講和上講不同，上講人道是一個公的，此講人生則是一個私的。我的生活不就是你的生活，你的生活也不就是我的生活。我吃一碗飯，飽了我的肚，但不能飽你的肚。我穿一件衣，我覺暖，你並不能也覺暖。所以生活根本是自私的，我的生活只屬我個人，別人無法享受，這是我私人獨有。不如講人道，這是人的一種使命，是為著別人，為著大家的。但個人的生活畢竟和禽獸生活有不同，其中仍該有一道，此是我今天所欲講。

人的生活，可分為身生活與心生活，即是物質生活與精神生活。此兩種生活是相通的，身生活可以通到心生活，心生活也可通到身生活。但兩者相通而不合一。身生活不即是心生活，心生活不即是身生活。照理心生活是主，是目的。身生活是僕，是手段。沒有了身生活，就不可能有心生活。但沒有了心生活，身生活便失去了其意義與價值。

身生活是暫時性的，不保留的。粗淺地講，譬如一個漏斗，水在上面倒進去，在下面漏出來，過而不留。雖然水在漏斗裡經過，但不能在漏斗裡停下。飲食是身生活最基本的需要。味覺則只在舌頭尖端上有一點兒刺激，舌尖對於食物的甜酸苦辣有一種感覺，可是食物一到喉頭，此感覺就沒有了。食物吃進肚子，感覺到飽，過一段時間消化了，肚子又餓了，又要再吃。你不能怕下午肚子餓，此刻多吃一點。要多吃也吃不下。因此我們要一日三餐，不管你活多少年，每天總要照常吃三餐。那三餐僅是維持我們身體的存在，它自己是不保留的。喝水解渴，停一會兒又要渴，又要喝。這種生活都只有暫時性，因此永遠不會滿足。這種生活又是浮淺的，沒有深度。不要經教育，大家會吃，吃起來大家一樣。不能說這個民族文化高，知識高，吃時滋味也會高一點，或者可以欣賞到另一種滋味。換句話說，吃的生活，是人同禽獸一樣的，無多大區別。其他穿衣、住屋、行路可以依照這譬喻推去，不必逐一講。

衣食住行以外有休息，有睡眠，一切都為保持我們身體，求健求壽。人的身體也等如一架機器，機器有作用，無意義，身體也如此。人的兩眼，是我們一架大機器身體中一架小機器。眼能看，有看的作用，但只有看，便沒有意義，須把看到的反映到心，見了才始有意義。我和你一樣的看，但反映到心上，卻發生了兩樣的意義。如兩人一起看電影，看平劇，看得一樣清楚，但欣賞卻不同。大家讀一本書，心上反映可有千差萬別。兩耳也是一架機器，有聽的作用，然而聽的本身並沒有意義。今天諸位都在此聽我講，有的心領神會，有的聽而不聞。所以耳那架機器，也是僅有作用，沒有意義的，意義在聽者的心。從這講法，我們的身體也僅是一架機器，有時這架機器不夠用，或者要求這架機器發生更大的作用，才又造出其他機器來幫助這架機器。兩眼近視，便戴眼鏡，眼鏡也是一架機器，和自己那架眼機器配合生作用。我們看電視，電視機又是一架機器，幫助兩眼來看本來看不到的東西。我們聽電話，電話機也是一架機器，用來補充我們那架耳機器的不足。

今天科學發展日新月異，大體說來，都是為了我們的衣食住行。今天這個世界，竟可說是成了一個機器世界了。從前是一個大自然的世界，在此自然世界中有一架最精最巧的機器，便是我們人的身體。現在我們跑到大都市人多的地方去，幾乎看不見自然世界了，只看見一個機器世界。

機器世界由科學發展而來，它本身也是有作用，無意義。科學愈進步，機器愈進步，機器作用越來越大，但一切只如人體的化身，身生活總是有作用，無意義。是手段，非目的。在這方面太發展，也是一件危險的事。如一把刀，磨來愈快，作用也愈大。如使用這把刀的是一瘋狂漢，或是一個半醉不醒的人，他拿了這把刀，只增加其危險性。諸位要知，今天我們處在這樣一個機器的世界裡，這當然是人類一大進步，然而這邊進步了，那邊也得進步才好。那邊是什麼？就是心生活。當然諸位可以說，科學家運用偌大的智慧來創造機器，不是一種心生活嗎？這是不錯的。可是我今天不是要來講創造一架機器，乃是要來講使用一架機器，這兩者間可以完全不同。

身生活如漏斗，過而不留，心生活是永久性的，能積存，如萬寶藏。諸位聽我講演，有人可以在腦子裡保存三天五天，有人可以保存十年八年，在心下成了一問題，根據此問題繼續去想。有的人可以把十年、二十年、三十年以前的心生活再拿來回憶，回想到孩子時代，回想到每一個生活階段，回想到任何零碎細小的事。只有這種心生活，乃能為己所有，能保留，能積存。再多也積得下，積多了又能化，到底化成了各自一個己。因此各人所保留下來的心生活各不相同，我所回想的，自然和你所回想的完全不同。我剛才講，飯吃進肚子消化了，那是消極的消，心生活能積，是積極的積。積了又能化。我們每一人的心，從幼年到中年老年，一年年的經歷都積著，又時時在化。這個化，自己也不知，當然別人更不知。它能把窮年累月所經歷和領會積存起來化成一新東西。譬如說讀書，一個圖書館裡的書，無論是幾千幾萬冊，幾乎都可裝進心裡，裝了進去還可以拿出來，裝了進去還可以化，化成為你的。讀書人豈不是各有各的一套嗎？剛才說人的身生活與禽獸相差不多，可是心生活卻與禽獸大異。禽獸不是沒有心，只是它們心的作用沒有發揮出。禽獸的心，只如禽獸身上一架小機器。人的心，則逐漸發展變成了生的本體，在人生中變出了一個有意義的，精神的，心靈的世界。中國盛行佛教，佛教有它一套真理，它能分析我們的身生活，分析到最後，說人生四大皆空，死生無常。地、水、風、火都是物質的，根本沒意義，仔細分析來，盡成一個空，所以佛教勸人要擺脫此身生活。人類因不知此身生活之空義，作起了許多業。人類有了業，便落入輪迴，永不得解脫。佛家要教人擺脫這一個「業」。那些話，都是真確的，有它的真理。可是佛教對人類的身生活一面是說對了，它說到人類的心生活，則有些不大對。人類生活該能從身生活過渡到心生活上去，因此人類心生活有些已超過了身生活而別有其意義，佛教只從人類身生活上來講人類之心生活，所以講差了。今天的科學家們也似乎太看重了人類的身生活，發明各種機械來增進我們身生活的作用和享受。兩相對比，佛教對人類身生活的看法是消極的，科學家對人類身生活的看法是積極的，而兩者間都沒有注意到人類身生活以上的心生活。當然，佛教的大師高僧們，也有他們一套的心生活。他的各種講法，能使你明白身生活是空的，沒有意義的。科學家們當然也有他們的一套心生活，可是諸位跑進科學家的實驗室裡去，便可看到他所研究的只是些物質，並不在注意到整個的人生，也沒有注意到人類社會種種心生活方面的活動和問題，也正如佛教中的高僧大德，只在深山寺院裡講他們的佛法，他們究竟都和實際人生有了些隔離。

中國文化中關於心生活和身生活兩面，採用了一種中庸的看法。佛教教義和科學家們的發明，在中國文化大系統之下，兩者都得要。我們對於佛教，可以接受他們所說許多身生活是空的沒有意義的說法。我們對於科學家，可以接受其所發明來增進身生活方面之作用和享受。可是最重要的，應該注意我們的心生活。諸位讀《論語》、《孟子》，讀宋明理學家的書，以為他們在心的方面講得太多，只注重精神文明。其實中國人也極重物質，更是看重此身體，因為沒有此身，便不能有此心。既然要看重身體，當然懂得看重機器。因各種機器只是我們身體的化身呀。因此中國人以前也能欣賞佛教，此刻也知重視科學，把來取精用宏，對我們所要講的心生活都有用。中國人主要在講「修心養性」，也許諸位會覺得修心養性之學到底是空虛的，或是陳舊的，不進步的。其實不然。身生活在求健、求壽，身體健康了更能發生作用。長壽可以長時間有作用。但作用之上還該有意義，意義則不在身生活而只在心生活方面。

上講所講的人道，便是心生活中之意義所在。此刻不再講這些，只就心生活講心生活，且講心生活之自身要求是什麼？我想心生活之自身要求有兩個字，一曰「安」，一曰「樂」。此兩字實也如一字。安了便樂，樂了便安。若使我心有稍微不安，白也不會樂，有稍微不樂，自也不會安。今試問：你會覺得此心有時不安，有時不樂嗎？這實是人人所常有。今問不安不樂原因何在？有時是受身體影響，但有時身很安而心不安，也有時身不安而心則安。如一病人在醫院，其身不安，但他可以心樂心安。一人去探望，此人身體無病，無所不安，然而看到此病人後，卻心裡感有不樂不安。可見身生活和心生活雖說相通，有時卻絕然不是一回事。

飽食暖衣，並不能使心安心樂，節衣縮食，甚至於飢寒交迫，卻反而此心能安能樂，這裡我們便要講到條件問題。身生活方面之條件都須求諸外，如衣食住行，這些都要外在條件。科學發明就是盡量為人安排此等外在條件，使人生活得舒適。然而心生活方面安樂的條件則不在外面，而在心之本身。禪宗故事說，二祖慧可去看達摩，討一安心法，達摩說：「把心來，與你安。」慧可言下有悟，因自己心根本拿不出，又何處有不安。他以前心不安，總像外面有許多條件使他不安，一悟之下，始知不要任何條件，心自安了。我剛才講一病人睡在醫院，他雖在病中，他卻心安，必是他把外界一切擺脫了。所以要求心安，必須反求諸心，不在外面條件。孔子飯疏食，飲水，曲肱而枕之，樂亦在其中矣。外面條件如此，孔子卻能安能樂。此處又該特別注意那「亦」字。當知不是說吃粗米飯，喝淡水，曲肱而枕才有樂，倘處富貴環境，也一樣可以樂。使心樂的條件，不在富貴與貧賤那些外面條件上，一切全在心。顏淵一簞食，一瓢飲，在陋巷，人不堪其憂，回也不改其樂，回之樂也不在外面條件上。後來宋代理學家周濂溪告訴程明道、伊川兩兄弟，教他們去尋孔、顏樂處，樂在那裡？我想孔子自己說：「學不厭，教不倦。其為人也，發憤忘食，樂以忘憂，不知老之將至。」這裡可見孔子樂處。顏回也自說：「仰之彌高，鑽之彌堅，欲罷不能。」這裡可見顏子樂處。孟子也曾舉出人生三樂，說王天下不在內，他說：「父母俱在，兄弟無故，一樂也。仰不愧於天，俯不怍於人，二樂也。得天下英才而教育之，三樂也。」這三樂中第一、第三兩項，卻須外面條件，第二項則只在己心，更不要外面任何條件。由上所說，可見求使此心得安得樂，雖不需外面條件，而在內心則自有條件。說到此處，已接觸到中國文化傳統精神之主要深處。我們要復興中國文化，該在此深處有了解。

我試再講到中國的藝術。道義世界與機器世界之外，還有一個藝術世界。藝術在心物之間。由心透到物，而後有藝術之發現。譬如音樂，彈琴吹笛，都要物質。即如唱，也要用嗓子，嗓子是人身一機器，也是物質。然而唱出聲音中有心，要由心發出的聲才能感動人。就聽音樂的人來說，受感動的是我的心，並不是我的耳朵。樂聲跑進了我的心，不僅是跑進了我的耳朵，才能使我擺脫物質世界的一切，而得到一個藝術境界，使心安樂。中國文化傳統裡面藝術境界之超卓，也是了不得。中國人生活上的最長處，在能運用一切藝術到日常生活中來，使生活藝術化，便也是一種心生活。縱使吃飯喝茶，最普通最平常的日常人生，中國人也懂講究。所謂講究，不是在求吃得好、喝得好，不是在求飯好、菜好、茶好、洒好，而更要是在一飲一食中有一個禮。中國古人講的禮，其中寓有極深的藝術情味，惜乎後來人不能在此方面作更深的研求與發揮。即在飲膳所用的器皿上，如古銅古陶古瓷，其式樣，其色澤，其花紋雕鏤，其銘刻款識，其品質，乃至其他一切，皆是一種極深的藝術表現。直到今天，此等器物幾乎為全世界人類所寶愛。然而其中卻寓有一套中國傳統的文化精神，寓有中國人心的一種極高造詣，這些都超出於技術藝能之上。別人雖知寶愛，卻不能仿造。科學上所發明的機器，作用大，但可仿造，而且一學便會。發明機器誠然要極高的心智，而製造機器則僅是一項技術，而且機器造機器，所需人力也少，而在機器中，也並不能寓有人的個性，即是說心生活並不在機器中。至於藝術便不然，凡屬藝術品，必然寓有人之個性。縱使模仿的藝術，依然還見有個性。使用機器，不要個性。欣賞藝術，則仍寓有個性。所以機器世界人在外，藝術世界人在內。機器無生命，而藝術有生命。要學繪一幅畫，要學拉一張琴，須得把自己生命放進去。因為它是藝術，需要從人的心靈裡面再發現。每一件藝術即是一人生。須能欣賞藝術，才能創造藝術。藝術與人生緊貼在一起。製造機器不先要經欣賞，藝術不同，非經欣賞不再現。如梅蘭芳唱霸王別姬，你也來唱霸王別姬，你須先能欣賞梅蘭芳，把你自己生命先放進，然後能再唱。再唱得最像，仍與初唱者不同，因其各有個性。機器仿造可以一模一樣，無區別。這是藝術世界與機器世界之大不同所在。機器世界是偏物的，藝術世界是偏心的。機器世界在改造自然，藝術世界則在自然之心靈化。心靈跑進自然，兩者融合為一，始成藝術。

天地間有高山大水，這是天地間一大藝術。「智者樂水，仁者樂山。智者動，仁者靜。智者樂，仁者壽。」人的德性和自然融合，成為一藝術心靈與藝術人生。中國文化精神便要把外面大自然和人的內心德性天人合一而藝術化，把自己生活投進在藝術世界中，使我們的人生成為一藝術的人生，則其心既安且樂，亦仁亦壽。又如中國人的亭園布置，只在家裡庭院的一角落，闢出了一個小天地，一花一草，一亭一閣，莫非藝術境界。甚至亭閣中所陳設一桌一椅，一杯一碟，一花瓶，一竹簾，種種皆見藝術心靈。又如造一橋，修一路，皆經藝術設計。畫一幅山水花鳥掛在房間，只是一株垂柳，一雙飛燕，一個牛亭，一隻漁船，也便如這個藝術世界就在身旁。中國的畫境，有自然必有生命，有生命必有自然。如楊柳燕子，如野村漁艇，如蘆雁，如塘鴨，要以自然為境，生命為主。此生命則安放在藝術境界中，而自得其樂。這即是中國文化精神與文化理想在藝術中之透露。

我非常歡喜中國式的園林，而說不出其所以然。有一次我在加拿大多倫多遊一園林，乃是模仿中國式的，裡面一棵蒼松，旁栽一株稚柳。我忽然心領神會，蒼松愈老愈佳，稚柳愈嫩愈好，兩相襯托，那是自然，而同時亦即是藝術。那自然已經過了人的心靈的培植和布置。藝術中的自然，雖經改造，而仍見其極自然。別具匠心，而不見有斧鑿痕，只見是天工。機器世界則是人征服了自然來供人使用，藝術世界乃是人融化進自然來供人享受。因此藝術似乎沒有使用價值，只有享受意味。一幅畫掛在牆上，和一架電視機放在屋裡，豈不大相殊異。牆上的畫，可以和你心靈相通，主客如一。電視機對我們生活有作用，無意義。機器和人生中間總是有隔膜，互不通氣，沒有情感。你須打開那電視機，看它所播送，始有意義價值可言。那已是超過機器，進入另一世界了。但一幅畫只要你旦夕凝玩，卻覺意味無窮。即如你晚上上床睡覺，一副枕頭上面還繡上一對鴛鴦，或一叢竹子。中國人總要把你整個日常人生盡量放在藝術境界中，而使你陶醉，而使你不自覺。

中國的平劇，也是把人生完全藝術化了而表演出來，場面圖案化，動作舞蹈化，唱白音樂化，整個人生藝術化，而同時又是忠孝節義，使人生道義化。臺上布景愈簡單愈好，甚至於空蕩蕩地，這是要你擺脫一切外在條件，一切環境限制，自由自在，無入而不自得。中國戲劇中最難說明的是鑼鼓，一片喧嚷嘈雜，若論音樂，那卻很像粗野，但此乃是象徵著人生外面的一切。一道歌聲在此喧嚷嘈雜中悠揚而起。甚至演員跑進跑出，每一臺步，每一動作，每一眼神，都和那鑼鼓聲無不配合。中國人生正是要在此喧嚷嘈雜的塵世中而無不藝術化。中國舞臺上的表現，極規律，極機械，但又極自然。可見藝術世界不僅在享受，同時亦在表現。即表現即享受，即享受即表現。

不論臺上演員，即臺下觀眾，享受中亦有表現，欣賞也即是心靈的表現了。

以上說明了中國文化中所創出之藝術世界之意義與價值。但今天則西方的機器世界大浪衝來，把我們的藝術世界沖淡、衝破了。我們固不能也不該拒絕機械世界之進來，但我們仍當保留此藝術世界，要使藝術世界和機器世界再相配合，這可造成一更高的精神界，這將是中國文化更進一步之完成。今天的我們，好像只看重了科學和機器，忽略了在科學與機器世界之後面，還該另有一世界，那就要不得。

中國人一向講究的禮樂，也是一藝術。禮樂可以陶冶人性，使人走上心生活的理想道路上去。禮樂並不與生活脫節，也不是來束縛生活，乃是把禮樂融鑄到生活中間而成一種更高的人生藝術化與道義化。西方的宗教，也必配有一套禮樂，跑進禮拜堂，要跪要唱。有鐘聲，有畫像，這些都是藝術，亦都是禮樂。今天西方雖則科學發達，但到底廢不了宗教。走進禮拜堂，彎一彎腰，唱一首詩，聽一聲鐘，一切使人獲得解脫。不要說死後靈魂上天堂，這一番禮拜，便已如上了天堂般。佛教要空去一切，但也廢不了禮樂、鐘聲、鼓聲、膜拜、號唱，那一樣不是禮樂？進入和尚廟，也如進入耶穌教的禮拜堂，總是進入了一個禮樂世界。從前北京大學校長蔡孑民先生曾主張藝術代替宗教，藝術是不是真能代替宗教呢？那是另一問題。但藝術總可算是宗教中的一部分，而且是不可輕忽的一部分。在中國文化中，沒有發展出宗教。中國人的禮樂，乃是宗教與藝術之合一體。但後來沒有好好發展，幾乎把禮樂仍歸併到宗教裡面去，像佛教與道教，那是中國文化本所理想，未能充足表現之一缺憾。

有人說，一神教是高文化的宗教，多神教是低文化的宗教，那不過為信奉一神教者之偏見。多神教，一神教，究竟那個高，那個低，不是一句話可以評定。中國人信奉多神，卻是藝術意味勝過了宗教意味。超過了人生來發展的便有宗教與科學，本原於人生來發展的便有藝術與禮樂。有一個機械世界，同時亦該有一個藝術世界。有一個禮樂世界，同時更該有一個道義世界。中國人從前對藝術世界創造之偉大，對道義世界之特別加之以重視，今天我們希望它能復興，而一方面又須能接受機器世界，把來融和合一於中國當有之藝術世界、禮樂世界與道義世界中，那是復興文化一個應有的前景。

藝術世界、禮樂世界、道義世界，都該屬於心世界，也可謂是精神世界。什麼叫精神呢？凡從個人心裡流出來的，便可叫精神。機器世界從科學家心靈創造出來，科學也可代表一種精神，但機器造出以後，此項精神便沒失於物質之內，由是用機器再造機器，不用再花很多精神。人坐在機器旁，服侍那機器，那機器自會活動，在旁的人只要不打瞌睡便行。藝術世界不同，須不斷要從心靈中創造出來。學唱學畫，一筆一鉤，一聲一字，都須懂得要從心靈中流出。畫家一幅畫，作曲家一部曲，代代流傳，不斷臨摹，不斷演奏，前代後代，此曲此畫之內在精神則依然存在，這就是精神世界。今天我在此講話，這個講堂這許多人，都在物質世界、機器世界中。可是諸位聽我講，在諸位心裡發生了一個交流作用，這一交流看不見，摸不著，那就是一個精神世界。我講這些話，也不是我一人這樣講，乃是我吸取了上世以來無窮的心，慢慢兒堆積在我心裡，漸漸變成了我心之所想所悟，才把來講出。或許此所講，亦可傳下去，遞有變化。這就上無窮，下無窮，常是存在著，流動著，變化著，這就變成為一精神世界了。

我們在身生活之外有心生活，便該在物質世界之外有精神世界。過去人的心能與現代人的心相通，上下古今融成一個大心。這個大心能通天地，亙古今，而自存自在。天地沒有心，人類可以幫它安上一個心。身有限，心無限。若單從物的一面講，則空間有限，時間也有限。若轉從心的一面講，則成為空間無限，時間也無限。從物世界過渡到心世界，那是人人可能的。若能進入此心世界，此心自安自樂。如孝，也是一精神，「孝子不匱，永錫爾類。」一切道德仁義，也全從人類心裡流出。仰不愧，俯不怍，只是一心，即是一精神界。進入此精神界卻人人能之，不比藝術，還是有能有不能，不一定人人能在藝術世界中安身立命。所以中國人看重此道義世界與精神世界，又勝於看重藝術世界。

中國古人講三不朽，立德、立功、立言。科學家可算是立功，但科學家不是人人能做。藝術家可算是變相的立言，那是無言之言，但也不一定人人能做。立德則是進入了精神世界，而是沒有條件的，人人能做，所以中國文化中所理想之人的生活，還是以道義為主要。

諸位在今天，能使用機器，欣賞藝術，實踐道德，能使我心與古今人之心相通，而知有一精神世界之存在，那便不失為文化復興滿進向前的一條坦道了。

飛機是一架機器，諸位今天投入空軍，便已生活在機器世界中。但諸位生活中，更要須知還有一藝術生活與道義生活在諸位的背後。諸位能心體此意，這便是我今天這一次所講。

四、民族與文化

今天講題是「民族與文化」。第一講「性道合一論」，第二講「中國文化中的人和人倫」，第三講「中國文化中理想之人的生活」，都是偏重在人生問題上。這一講起，要開始講一些比較偏重歷史方面的。講到中國文化，首先就聯想到中國民族。由民族產生出文化，但亦由文化來陶鑄了民族。沒有中國民族，便沒有中國文化，但亦可說沒有中國文化，也就沒有了此下的中國人。天地生人，本沒有分別，分別則在民族血統上，乃及文化上。今天是特地從民族方面來講文化。

中國民族如何形成？這似乎不是問題，而實是一大問題。中國廣土眾民，世界上沒有那一個民族擁有像中華民族那樣眾多的人口。中國占地之廣，也非世界任何一個國家可及。由中國人來構成如此一個偉大的社會，這都是受了文化力量的影響。而且此一社會綿延最久。以美國歷史來比，不及我們二十分之一。德國、意大利，歷史更短。英法兩國，也沒有超過一千年。所以世界上民族最大，文化最久的，只有中國。

我們讀西洋史，最易引起注意的，是他們很看重民族區分。如巴比倫、埃及、希臘，只環繞在地中海一角的小地面上，但民族相異，而又永不相融和。尤其是同在一地，最先由一個民族居住，後來由另一民族侵入，最後又有另一民族進來，記載得清清楚楚。即如現代歐洲，地面也不算大，然而民族分歧，也永不得相融和。英倫三島，最先是某一民族居住，最後又是某一民族侵入，直至目前，英格蘭人、愛爾蘭人、蘇格蘭人，還是有分別。難道中國大陸上一生下來的便都是中國人，其間更沒分別嗎？難道上古三皇、五帝、伏羲、神農、黃帝、堯、舜，直傳下來，便只是一個中國民族嗎？我們讀了西洋史，回頭來讀中國史，只覺得中國史上很少講到民族問題，使人不易看清楚中國民族究從那裡來，又如何般生長形成。我們只能粗略地說，正因我們中國人向來不看重民族區分，因而很易成為一個大民族。西方人正因太看重了民族區分，因而民族和民族間遂致不易相融和。

現在我們再追溯到歷史上來講，中國古代有氏姓之分。男人稱氏，指其居地言。女人稱姓，指其血統言。若把我們古史上所見的姓氏仔細加以條理，可見某一同血統的氏族分布在那幾處地區，或亦可指出其最先從那一地區隨後又轉移遷徙到那一地區去。如此說來，在中國古代，未嘗不是有許多異血統的部落同時存在。如炎黃相爭，亦未嘗不是中國古史上一種民族鬥爭，但後來我們則自稱為炎黃子孫，至少此一民族界線早已泯滅了。因此我們只認中國古代有氏族之分，卻不認為有民族之分。

下至西周時代，列國分封，絕大多數是姬姓，然不能說那時的中國已由姬姓民族來征服統治了其他各民族。在古史上其他帝王的後代也都有封國。到東周春秋時，諸侯列國同稱諸夏，當時他們都稱是夏王朝之後，都是歷史上一個傳統流衍而來。如孔子是殷代之後，他生在魯國，居在魯國，又說：「郁郁乎文哉，吾從周。」從民族觀念上說，孔子也認是諸夏，是當時的中國人。在政治觀點上說，則孔子主從周，不主從夏或從商。但當時諸夏之外還有許多蠻夷戎狄。那些蠻夷戎狄像是異民族，其實不盡然。如晉獻公娶大戎狐姬小戎子，姬是周姓，子是商姓，可見大小二戎皆與諸夏同血統。又娶驪姬，可見驪山之戎亦同是姬姓。又有姜姓之戎。如此之類尚多。可見當時夷夏界線之分主要在文化，不在血統。楚國自稱蠻夷，後來亦漸被認為諸夏了。吳越皆諸夏血統，在春秋初年不與中原諸夏相通，當亦在蠻夷之列，到春秋末年，亦為諸夏之盟主。可見講《春秋》的學者所謂諸夏而夷狄則夷狄之，夷狄而進乎諸夏則諸夏之，此說絕不錯，而夷夏界線在文化不在血統，即此可證。從戰國到秦代，中國大陸上便已融和為一民族。《中庸》所說：「今天下，車同軌、書同文、行同倫。」當時的交通文字和人倫道德，都已統一。而所謂中華民族，亦至是遂臻確定。那是在中國文化中最值得大為闡揚的一件事。中國文化不僅由中國民族所創造，而中國文化乃能創造中國民族，成為有史以來世界上獨一無二的大民族，那還不見中國文化之價值，那還不值得我們來闡揚其甚深意義之所在嗎？

血統是民族特徵之第一項，居地是第二項，中國古人對於居地能影響當地居民性格方面之關係，亦認識得很清楚。《小戴禮記．王制》篇有云：「凡居民材，必因天地。寒煖燥濕，廣谷大川異制，人生其間者異俗。剛柔輕重，遲速異齊，五味異和，器械異制，衣服異宜。修其教，不易其俗，齊其政，不易其宜。中國夷狄五方之民，皆有性也，不可推移。」那是說天時氣候溫度濕度，交通物產，環境上有了種種差異，便影響到各地居民之性格，如剛柔輕重遲速，乃至習慣風俗之一切，以及飲食衣服使用器械種種之相異。中國古人承認此諸相異，並認為此諸相異不可強同，重要者在此諸異之上，要能修其教，齊其政，要教化修明，政治齊一，務求對此五方諸民均能使其皆有安居和味宜服利用備器。至於其語言不通嗜欲不同也所不妨，只要能達其志、通其欲便是。當知此一理論，便是中國文化所以能在廣大土地複雜居民之上，漸漸融成出一大民族來之主要原因所在。我第一講「性道合一論」，亦可用此一節話來互相闡發。

依照中國人想法，天時、地理、血統不同，民族性不同，均不礙事。只要有一番教化，在此教化之下，有一番政治，教化與政治便可形成一個文化而發出大力量來，自然可以道並行而不相悖，萬物並育而不相害，自然可以盡己之性而盡人盡物之性，自然可以會諸異於大同，而天下自達於太平之境。試問此是中國文化理想中所含蘊的何等見識，何等抱負？宜乎在此文化大理想之下，可以形成一偉大無比的大民族，而直傳至今依然堅強不衰，剛毅不屈。在將來，它依然會發生大作用。諸位如讀西洋史，如古代之希臘羅馬，中古封建社會神聖羅馬帝國，至近世現代國家帝國殖民資本主義，各有它們的精采處，但永遠為一個民族糾紛所纏住而不得解脫，而使西方文化永遠有其一限度。所謂考諸三王而不謬，建諸天地而不悖，質諸鬼神而無疑，百世以俟聖人而不惑者，只有中國歷史中國文化所懸此一理想可以當之。若僅在物質上求發明，當知會永遠達不到此境界。

現代西方的科學發明，關於天文學、氣象學、地質學、生物學、心理學、考古學、人類學、社會學，乃及現代新興之文化學，種種知識，實可對我上引〈王制〉篇中一節話加以種種證明，種種發揮。但只缺少了一番一視同仁的文化理想，來為世界各地居民建立一個共同的政治與教化，來為世界各地居民通其志，達其欲。所以西方歷史上任何一個民族糾紛，直到今天不得解脫，而且仍會不斷糾紛下去。若反觀中國歷史，好像中國民族如自天下降一般，好像中國民族自始便是一個中國民族。到今天，卻覺得中國民族沒有一股力量像西方般也能來欺侮人，而且還不能避免別人之欺侮，就反而指摘中國文化之無意義與無價值，那真是一種短視，一種謬見，我們不該不加以糾正。

我們再從上引〈王制〉篇那一段話來說，世界人類同是天生，人性應是相同，但因居住環境之不同，大同中不害有小異，則中國民族之民族性自應與西方民族乃及其他民族有其相異處。不僅中國民族與其他民族有異，即在中國之南方與北方，其民性也不同。東南區與西北區又不同，東北區與西南區又不同。但中國人卻只說道一風同，這是在小異之下仍可有大同一明證。道一風同即指文化言。中國人有此文化信念，故不重視那些血統相異，不認為異民族便不能融和合一。在秦漢以後，中國北方大敵有匈奴，那裡的天時地理，交通物產，和中國內地相異太遠。當時中國人也說匈奴是夏代之後，但中國人並不看重這一點。中國人那時的意見，一是拒諸塞外，求能不來為中國之害。一是招他們來居住內地，好讓他們在中國內地之政治與教化之下逐漸同化。那本是中國文化一大理想，大抱負。可惜東漢三國以下，中國內部自己的政治教化力量大大衰退，遂致有五胡亂華之大災禍。其實五胡亂華那些胡人，本已早居住在中國內地，如劉淵、石勒、苻堅之輩，也多少受了中國文化陶冶，也早如一中國人。所謂五胡之亂，也近是一種內亂。而此下的北朝，則成為另一時期之華夷雜處，與春秋時代之華夷雜處也有其約略相似處。下到隋唐統一，中國地面上又盡變成了中國人，異血統還是成了同民族。在唐代，有不少政治上學術上傑出人物，論其血統，則本是一胡人。此下遼金元時代，還是不斷有異族內侵，但到明代統一，那時又是在中國地面上的盡變成了中國人。在那　時期的歷史上，又有許多政治上學術上的傑出人物，論其血統，則本是異民族的。而在中國文化之繼續發展上，他們亦曾盡了一番力量與貢獻。清代入主到今天，滿洲人也盡變了中國人。中華民國創建，高呼五族共和，照中國文化理想與歷史實證，將來的五族也自會融成為一族的。

中國人又有一理想，認為地域太遠，行政上教化上有許多不方便，則只求其能文化融和，不必定要合成一國。如韓國，遠在周初殷人箕子早已到了那裡，他們早與中國文化有關係。又如越南，周初也曾和中國有來往，秦代早列為中國之一郡，此後不斷有中國人前去，但中國人只求對韓越兩地有文化傳播，不想有政治統制。明清兩代此一關係最屬明顯。在明清兩代，還有不斷的海外移民，他們隨帶著自己的一套文化前去，傳宗接代，拳拳勿失，但對其所居地之異民族異文化也能和洽相處，既不抱蔑視心，也不抱敵視心，處處沒有一種狹義的民族觀念之存在與作梗，此是中國文化偉大、民族偉大之一證。

現在再說到文化相異，由於民族性不同。而民族性不同，則由於自然環境之影響。此一觀點，本是與中國人向所抱持之天人合一觀與性道合一觀相通合一。而中國民族文化則是在北溫帶大平原農耕地區上發展生長，因此中國文化得天獨厚，其民族性最為平正中和，最為可久可大，此則稱之為中華文化之同化力。此一種同化力，第一是先同化了此一地區內之各民族而成為一民族。

第二是文化向外，把四裔異民族盡化為同一文化，如韓國、越南與日本。第三是異民族入侵而同化為中國民族，如漢後之五胡，如宋後之遼、金、蒙古、滿洲。第四是異文化傳入而同化為中國文化之一部分，如印度之佛教。宗教以外有藝術，如塔廟建築，如繪畫，如石刻，如雕塑，如音樂舞蹈，其間皆有外來成分。智識方面亦有不少外來成分，如天文曆法，乃至如水利。東漢時治河，用一韓國人王景。故中華民族能不斷吸收異民族，而中華文化亦能不斷吸收異文化。

中山先生提倡革命，乃是政治的，並沒有提倡文化革命。現在總統提倡文化復興，亦不是說文化革新。如一盞燈不好可以換一盞，一輛車不好可以換一輛，一所房子不好可以另造一所，一條道路不好可以另修一條，這叫做革新。物質方面可以革新，但很難把一民族革新成另一民族。如最近以阿戰爭，埃及人所駕飛機，與以色列人所駕飛機，不管是美國造或者是蘇維埃造，總是差不多。兩國空軍一碰頭，這是人的不同，心理的不同，性格的不同，那就有大差異。以色列人可以改用俄國機，埃及人可以改用美國機，但雙方民族精神則不易對換。而列陣決勝負時，主要因素則在雙方的民族精神上。

民族創造文化，文化也可以創造民族，可以陶冶個人。世界上最偉大的思想家、宗教家，如孔子、釋迦、耶穌、穆罕默德，他們生在不同的環境和不同的歷史文化裡面，形成了他們不同的思想與信仰。而他們的思想與信仰又影響了他們各自的民族文化。儻使孔子不生在中國而生在印度，就不會是今天的孔子。孔子是中國北方的天時、地理、物產、交通種種自然環境乃及歷史文化社會風俗積累的大傳統之下所產生。倘使耶穌生到中國來，長在春秋時代，他就不會成為今天的耶穌。耶穌說：「凱撒的事由凱撒管，上帝的事由我管。」當時猶太民族是羅馬帝國的奴隸，他們過著長久的流亡生活，從這裡流亡到那裡，痛苦已極，就有他們的先知告訴他們說，一定有個上帝會來拯救我們猶太人。耶穌接著說，上帝不僅要救猶太人，還要救世界人類。至於當時羅馬凱撒的政權統治，耶穌也無奈何，只有由他去。若使我們今天到印度去，還可依稀想像到一點釋迦牟尼當時的心情。到了阿拉伯沙漠地帶，也可約略想像到當時穆罕默德的心情。但春秋時代的中國社會，就一切都不同，那時已有大子諸侯卿大夫，政治上有一套。堯、舜、禹、湯、文、武、周公以來，歷史上又有一套。論其天時、地理、物產、交通、自然大環境，又和釋迦、耶穌、穆罕默德三位所處大不同。因此我們可以說，乃是由中國社會中國文化而產生了孔子，孔子又光大了中國文化。印度社會印度文化產生了釋迦，釋迦又光大了印度文化。耶穌、穆罕默德，也都是在不同的社會環境與文化歷史之下，產生不同的思想與宗教。他們的思想和宗教，又影響了此下不同的文化。

但從另一面講，同一文化也不定能融為同一民族。如西歐，他們可說是同一文化。但如拉丁族、條頓族、斯拉夫族，此種民族界線永遠在歐洲史上引起無窮糾紛。而且西歐亦可說是同一宗教。西歐文化應說是由中古時期的基督教開始。但同一宗教亦不能融化成同一民族。甚至同一民族、同一文化在同一地區，地區並不大，而仍不能共同建立一國家，如古代之希臘，近代之西班牙與葡萄牙皆是。若要他們建成一大國，則必由武力征服而成為帝國型，如古代之羅馬，近代之大英帝國。此與中國之由同一民族、同一文化而建成之國家大不同。更甚至於在同一國家之內，而仍各保持其各自之獨立地位，並不能融凝成為一體，如英國之有英格蘭、蘇格蘭與愛爾蘭。西歐近代科學發展，地理交通商業經濟，均已化成為一體，而依然分疆割界，諸國林立，不能融和。以前是西歐鼎盛時期，世界任其宰割，各自爭霸爭雄，猶自可說。此刻則赤色帝國之蘇俄眈眈在旁，一面共同需要美國之支援，而其內部仍是鉤心鬥角，互相齟齬、互相排拒，仍不見有稍微之改變。試問原因何在？則不能不說仍是受其文化精神之影響。

古代希臘人便說，知識即是權力，近代西方人依然抱持此觀念，說科學可以征服自然。當知此一觀念，就人對物言，似無大病。就人對人言，則正貴能在人類自身發展出一套合情感合理想的文化，化異民族為同人類，在此高天之下，厚地之上，共同生息，共同相處，以同躋於一個大同太平之境。就此而言，則中國文化之偉大亦自可想見，不煩深論。

中國古人說：「大道之行也，天下為公。」所謂大道，正是指的人類一種合情感合理想之偉大文化言。此刻則無可諱言，正是一個天下為私的世界。中國傳統文化正該為世界人類善盡其一份應盡又可盡之責任。近代中國只有孫中山先生深知此義。他在講民族主義時，曾舉一例說，有一香港碼頭工人買了一張馬票放在他竹槓裡，到開獎時，一看中了獎，喜極而狂，他想已中了頭獎，此後絕不需再做一碼頭工人，就把隨身竹槓丟到海裡，卻連獎券也丟了。中山先生告訴我們，要講世界大同，正需我中華民族發揮其傳統文化善盡職責。當前我民族受盡折磨，歷盡艱辛，正如一竹槓之可厭可鄙，但頭獎卻在那竹槓裡。中國民族自己看輕自己，把中國文化傳統自己丟棄了，卻要來高唱世界大同，這就和那香港碼頭工人一般。中山先生此一譬喻，實是大堪深思。此刻總統提倡文化復興，便是教我們要在竹槓裡找尋出那中了頭獎的馬票來。

現在就比較樂觀的一面講，現代科學已使世界交通經濟物產化成一家。目前的聯合國，只要繼續進步，也可使世界政治漸向調和融合的路上走。最難的卻在各民族文化精神有不同，更要的是宗教信仰之不同。若要世界各大宗教融化歸一，此事頗不易。但在中國社會裡，各宗教卻可以和平共存，不起大衝突。此事遠從唐代以來已可見。那時佛教、回教、耶教都已同時在中國存在。直到目前，並未為宗教問題而使中國社會發生分裂。縱亦時有小糾紛，到底非是一件不可弭平之事。如此可證，將來世界各大宗教之大合流，亦很易在中國社會中形成。亦恐只有在中國社會中能形成。

今試略去世界各大宗教信仰內容之相異於不論，而各大宗教則共同有一套外在之禮樂，亦可說各大宗教有一共同形式，即禮樂。而中國傳統文化又是極尚禮樂的。世界各大宗教未免在其外在之禮樂上多拘泥，中國傳統文化則雖極崇尚禮樂，而在禮樂上多變通，少拘泥。有人提倡以藝術來代替宗教，但藝術含義較狹，不如說禮樂更較具體實在，而含義亦較深廣。

再說各宗教之共同精神，幾乎全信有一上帝。換言之，均信在人類之上有一最高不可知之主宰。中國文化傳統正是同有此信仰，而能提出天人合一性道合一之理論，把此一不可知之主宰與現實人生相融和，而彌縫其間之裂痕。只有佛教，依法不依天，重內不重外，與其他宗教相異。但佛教之出世精神早已在中國文化中融和了，早已變成一種人文中心之新教義。此後中國若能更發揮其天人合一性道合一之理論與信仰，而文之以一套新禮樂，在中國社會上一向所想像之儒釋道三教合一，未嘗不可再上一層，來一套五教合一，乃至諸教合一。此一理想。雖尚遠需時日，但在中國文化中演出，實非一不可能之事。

以上說明了中國文化同化力之大，可以化異民族為同民族，豈不能化異宗教為同宗教？世界大同必由此途邁進，而中國文化之所以必將大行於世界者亦在此。

今再申言，武力、經濟、政治、宗教，均不能統一世界以進達於大同之境。只有文化有此力量，有此功能，而中國傳統文化則最為近之。

千言萬言，併歸一言，請諸位對民族知自尊，對文化知自信，對此一根竹槓善為保持不失，則馬票頭獎還是在內。而獲得此頭獎之後，將仍是用在公，不是用在私，此乃中國民族之真實足以自尊，中國文化之真實可以自信之所在。設若不信，則請從中國民族文化五千年歷史上去細細追尋。

五、中國文化的進退升沉

今天講題是「中國文化的進退升沉」。前三次所講，是中國文化的本質與特性，側重內容方面。四、五兩講偏重歷史向外的一面。任何一種文化都由曲線前進，有時上升，有時下降，只看歷史上各時期之治亂興衰，便可見其文化進退升沉之大概。主要是在能指出我們的文化在什麼情況下上升前進，在什麼情況下下沉後退。尤要在能找出其進退升沉的原因何在，我們才能有辦法要它上升不讓它下沉，這是我此講的主要意義所在。

什麼叫文化？簡言之，文化即是人生，文化是我們大群集體人生一總合體，亦可說是此大群集體人生一精神的共業。此一大群集體人生是多方面的。如政治經濟軍事，如文學藝術，如宗教教育與道德等皆是。綜合此多方面始稱做文化。故文化必有一體系，亦可說文化是一個機體。等於人之一身，耳用來聽，眼用來看。五官四肢內臟各部各有各的作用，而合成為各人之生命。所以文化是多方面的人生，定要互相配合成為一體，不能各自分開獨立，否則便失掉了意義。我們講文化，應從文化的多方面來了解其總體系，再從其總體系來了解其各部分之意義責任與地位。

如講經濟，衣食住行都包在內，而經濟自身也必自成一體，此體則從多方面配合而成。如我身上一對眼睛，也是一個體，而眼睛又從各個細小機件配合而成。一雙耳朵也是一個體，也由各個機件配合而成。如果那一機件有問題，便可影響到全體系。經濟是一個體，而有經濟的各面。政治又是一個體，又有政治的各面。一個大群集體人生中，不能沒有經濟，沒有政治，又要有軍事武力。又要把經濟、政治、武力，多方配合起來。政治不能單獨存在，經濟、軍事亦然。說到文化之大體系，則不僅包括著政治、經濟、軍事，還有其他各方面，較之這三方面更為重要的。所以我們講文化，該一層一層分析著講。

文化的第一層，也是文化之基層，便是上述經濟、政治、軍事三項。此一基層安定了，才能發展到其他階層。如文學藝術已是文化之第二層，即文化之中層，等於樹上開了花，必須有根有幹才始能開花。由是進到文化之第三層，即文化之上層，乃有宗教信仰。在人以外的天地則更廣大了，在人以內之精神則更精微了。同時又會有哲學思想。從宗教信仰與哲學思想裡面發展出人生之道德來。道德和法律不同，法律可由政治來制定，道德則由人生內部經過一層層的展演而到達了其最高階層。凡此皆由教育來傳遞，可以無窮傳下，而文化始有一極深厚之傳統性。

以上種種，又須層層配合，這一文化才是一理想的文化，有體系的文化，一機構健全的文化。有些文化體系不能配合各方面。有的宗教發展得很高，而不曾注意到其他階層，如耶穌說上帝的事由我管，凱撒的事由凱撒管，耶穌所管的事，乃指我們人類死後靈魂上天堂而言，此因當時猶太社會文化發展不健全，政治、經濟、軍事種種都由羅馬凱撒管去了，猶太人自己管不到，因此耶穌也管不到，此乃一種政教分離。因此耶教信仰雖高，不能由此演出一套合理想的文化來。到了羅馬帝國崩潰，歐洲中古時期的社會幾乎全由宗教管理，他們想由此來建立起一個精神羅馬帝國，由宗教來統治政治，但此理想未能完成，而政教上屢屢發生大衝突，這依然是一個政教分離的局面。政治不能管宗教，宗教也不能管政治，就同人的眼睛與耳朵不能配合，眼睛要看，耳朵不去聽，耳朵要聽，眼睛不去看，不能好好配合成一體。到他們文藝復興時代，又加進了希臘羅馬的古文化。那時西方文化才突飛猛進，但仍管不到宗教，乃有信教自由一口號之提出。則那時西方文化各方面還未能好好融成為一體。現代科學興起，西方世界益見燦爛，但現代科學與宗教信仰也仍有未能融洽之處。由此言之，西方文化直到今天，還是有未能好好融為一體之缺憾。

以上說文化是由我們人生多方面慢慢配合而成，而其各種配合則不盡相同。就理論言，則必求此文化大體系中之各部門各方面，都能配合到一恰好處，始得為一健全之文化。又須此文化體系中各部門各方面的人，都能了解此文化，照顧此文化，此一文化始能繼續上升不致後退。如一個家，其家中人能人人心中同有此一家，則此一家必會旺盛。如其家中人人心中並無有此一家，則此家必會衰落。任何一社會，或國家民族，亦復如是。若要關心國家民族之較大體，則只有從文化上關心。我說文化乃是一民族大群集體人生之一種精神共業，此一大群集體中多數人的文化意識淡薄，文化精神消失，則此一文化必然會下降與後退。中國古人則稱之為道不明，道不行。

中國歷史上經歷了好幾番衰亂和黑暗時期，如東漢之末，下迄三國乃至五胡亂華，南北朝分裂對峙，此為一長時期。唐末五代又是一時期，年代雖不如漢末以後之長，而情形更嚴重。宋金對峙，下至蒙古入主，又是一時期。明末流寇引起滿洲入主，又是一時期。當前之共匪奪國，又是一時期。每一時期之墮退與下沉，或從外患到內憂，或從內憂到外患，事非一致。但內憂影響深，外患影響淺。人必自侮而後人侮之，國必自伐而後人伐之，此乃千古通律。每一時期之墮退與下沉，最可見者，必曝露在政治、經濟、軍事之三方面。但其最先受病處，則或不在此，而在學術思想信仰風俗比較隱微不受注意之一面。如漢末三國時，事非不可為，人才亦輩出，但當時儒學消沉，老莊清談不足挽此局面，整個民族失卻領導而循至於糜爛。唐末五代，驕兵悍卒，長期割據，而佛教與禪學，山林空寂，其勢自不足來挽救此時代。蒙古入主而中國社會文化潛力猶在，故未百年而元代即覆滅。明代開國，其時形勢則遠較宋初為優。滿清入關，其時社會文化潛力亦尚旺盛。故明清之際，就整個民族言，亦實無甚大之變動。

中國文化向極注重人文精神，而人文精神的主要重心則在人的心。心在萬物中為最靈，一人之心可以影響轉移到千萬人之心。心轉則時代亦隨而轉。中國人的文化信仰及其文化理論，最注重者在此。所以各人之正心誠意，成為治國平天下之基本。惟修道必先明道，復興文化必先知有此文化，了解此文化，故正心誠意又必先之以致知格物。因此歷代文化之進退升沉，雖其最顯著的跡象必歸宿到政治、經濟、軍事之基層，但求其淵源，最主要的還是在學術思想，信仰風俗，深著於人心內部之一面。

各民族文化體系有不同，故其文化力量之發現與其運使，有的重在外，有的重在內。有的重在上，有的重在下。有的重在大群，有的重在個人。中國文化之主要根基，則安放建立在各別個人之內心。文化力量有結合，有分散。由各個人的擴展而結合成為大群的，是為文化之前進與上升。由大群的萎縮分散而成為個人的，是為文化之後退與下沉。光明變為黯淡，黯淡又變為光明。安定變為動亂，動亂又變為安定。前進之後有後退，後退之後又有前進。上升之後有下沉，下沉之後又會有上升。其機括則在人之心，更要乃在每一人之心。

中國人認為經濟、軍事須由政治來領導，而政治則須由教育來領導，故道統高出於政統，而富強則不甚受重視。故在中國人說，文化之進退升沉，則只是道之進退升沉而已。今人所謂之文化，中國古人則只謂之道體。明白到此，則文化之進退升沉，其權其機括，乃在個人身上，個人心中，可以不言而喻。像現在外面資本主義跑來，使我們貧不能自存。外面帝國勢力跑來，使我們弱不能自存。依照中國古人想法來謀求對付，也不能單在富國強兵上著想，主要須在整個政治問題上著想。而整個政治問題則主要不在求富強，在富強之上還有一個道的問題。若能善盡吾道，則謀富謀強以求自存，自亦在道之內，而富強不致成病為害。若僅求富強，則富強亦可成病為害。富強而危亡隨之，古今中外不乏先例，中國人則懸此為炯戒。

今天我們的問題，乃在我們自己傳統文化又正在後退下沉之時，須如何謀求復興。並不是說中國文化根本要不得，須求徹底改造。若使我們內部自身根本沒問題，自己的文化傳統正在光明昌盛之際，而外患抵抗不了，這始是自己文化本身不夠力量，抵擋不了外面異文化，乃是文化本身有問題，須求根本解決，但事實並不如此。中國文化能摶成這樣一個大民族，綿歷五千年直到今天，沒有另一民族可和我們相比。現在世界上強大國家如英、法，不到中國歷史五分之一，美國只有中國歷史的二十分之一，蘇維埃只有中國歷史五十分之一。古代民族如埃及、希臘都不能繼續存在。據此可知中國文化之價值。但其價值究在那裡，則有待我們今天自己來發見，來認識。

此刻只就歷史外面看。中國史上最偉大時期首先是在春秋戰國，春秋時有兩百多個國家，到戰國只有十幾個，到秦代而統一。諸位當知，此乃世界歷史上一奇蹟，我們不該忽視。若把中國歷史上的秦漢和羅馬相比，羅馬是一個帝國，乃由武力向外征服，中國秦漢統一則是文化之向心凝結。即論秦始皇，宰相李斯是楚人，大將蒙恬是齊人，其政治組織乃是郡縣的統一，不是征服的統一。當時疆土已和後代中國差不多，而沒有現代式之交通，又不用龐大軍隊，此項統治，豈不是一大奇蹟。秦漢以後有隋唐，又一度為大一統之盛世。羅馬覆亡了，再不能復興，但漢末三國，唐末五代，兩度分裂，仍有宋代繼起，中國之為中國者如故。西方自羅馬覆亡直到今天，各國林立，再也不能有統一局面。此是東西兩方政治上之相異。

有人說，中國是一個農村社會，應屬為農業文化。西方文化則起於都市，乃為一種商業文化。然西方現代都市，乃在中古時期以後，在意大利地中海沿岸，在北歐波羅的海沿岸，逐步興起。中國都市則遠從春秋戰國直傳到今。如蘇州，最先是春秋晚期吳國首都，到今已兩千多年。宋代金兀朮渡江，蘇州一城便殺了五十萬人。如廣州，秦代立為郡，一向比蘇州更繁盛。唐末黃巢作亂，打到廣州城，外國蕃商在此被難者有十萬人。試問西方歷史上，在與中國唐宋時代，能有如蘇州廣州般城市否。其他如揚州，如洛陽，如成都，中國歷史上的大都市，實是數不勝數。政治組織上每一縣，同時也即是一商業中心。國內國外商業之龐大繁盛，實是遠勝西方。但中國文化到底沒有發展成一個商業文化，中國社會也從來不會發展成一個資本主義的社會。此是東西雙方商業經濟上之相異。

提到軍事武力，亦值自誇。北方邊境之綿長無險，已是國防上一大難題。而漢代之匈奴，唐代之突厥，為中國軍隊打垮了，跑到西方，依然所向無敵。蒙古武力震鑠一世，但蒙古人力征東西，最後始能進入中國。最先被驅逐也是在中國。我認為中國人實具兩大天才，一是能打仗，一是善經商。但中國文化不講富強，帝國主義、資本主義永不在中國出現，此乃中國文化一特殊最長處。不應反認它是短處。至於文化演變有前進，有後退，有上升，有下沉，此乃無可避免之事。五胡亂華，先由中國招請他們內遷，這也是一件奇怪事。現代西方只要殖民到外國去，中國漢代卻招請胡人移殖到中國來。若不是政治上先發生問題，起了內亂，此項招請，也許可成為歷史佳話。蒙古入中國，在中國文化上自然是一大打擊。馬可・波羅東來寫了一遊記，當時歐洲人不信他說的是實話，他們認為世界上不會有那麼一個國家，那麼一個社會。直到最近一百年，中國人碰到了歐洲人，情形就大不同，政治、經濟、軍事，西方似乎樣樣比中國強。而且西方也同樣有文學，有藝術，有哲學，有宗教。這一次的外患，和從前歷史上所遇外患遠相異。難怪中國人要失去了他自己民族的自尊和文化之自信。除卻學步西方，一點辦法也沒有。但我還要說明的，在前清道光年間鴉片戰爭以前，中國已經內亂迭起，最後有太平天國。那時政治社會腐化，內憂已深，即使歐洲人不來，中國政治也要垮，社會也要變。壞的是內憂外患兩症並發。最先想練軍興武，繼之想變法維新，最後始是孫中山先生起來排滿革命，創造中華民國。那時一切都該要變，然而要變則便多牽涉。這裡變，那裡亦要變。最重要的是教育。唐以後，一向都用科舉考試。教育在社會，考試在政府。由明到清，考試用八股文，社會教育也大受影響。中國傳統文化精神，早在社會教育中有褪色。一旦新教育興起，學校制度全仿西洋，教育方針亦隨著西方走，教育之最後順序便成為選派留學生出國。最先留學生都學的是法制與軍事。又留學生的年齡太輕，對中國自身社會不了解，對中國以往歷史無認識，並不知中國當前真需要的在那裡。跑到外國去，三年五年，只在學校裡用功，對外國的一切也無真知。一旦回來擔當國家社會重任，宜其有扞格。而一時風氣已成。沒有錢，得不到公費，便到外國去做工，所謂勤工儉學，其名甚美，其實更壞。當時所去的是法國，一回來都成共產黨。國內學校亦相率外國化，連小學也得學英文，多半時間都化在上面。大家心存愛國，而對民族文化傳統全然不知。如一人百病叢生，而不知病在那裡，又不知有何藥治，只到海外求奇方去。今天的中國，真是碰到了中國歷史上從來沒有的一大難。至於共產主義，它本身並不需要學校教育，它有另一套宣傳方法。當時中國青年，進了小學，進不得中學。進了中學，進不得大學。進了大學，出不得國去留學。只有一顆愛國心，只知共產主義也是外國貨，一經宣傳，相率趨之，不可遏止。現在則已是聚九州鐵鑄成了大錯，在無可奈何中，只有找尋文化種子再來好好培植。

所謂文化種子，在歷史上遇亂世，不是埋藏在下，便是逃避在外。春秋時代，文化種子埋藏在貴族階層。孔墨新生機，從下層崛起。此時期為中國文化最有生命力之表現時期。東漢末，文化種子埋藏在大門第，而不免為老莊清談所腐蝕。北方經五胡騷亂，文化種子逃避到邊區，如遼東，如西涼。唐末五代，文化種子或則逃避至十國，如蜀，如唐，如閩，如吳越，多數都埋藏在山林寺廟與書院中。直到宋興六、七十年後，始有起色。元末埋藏在社會下層，當時南方經濟好，書籍流傳易，故文化種子得到處留存。滿清入主，文化種子埋藏在社會各階層者，亦深亦厚。故元清兩代情形，較之五胡北朝唐末五代時較好。當前中共竊國，最大危機在文化種子無地埋藏。期求文化復興，只有望之逃亡在外者。在臺灣，在美國，在歐西，在南洋各地，此為中國此下文化復興惟一可望所在。只要在此各地，有人對民族有自尊心，對文化有自信心，文化復興機緣已熟，正如箭在弦上，一觸即發。即在大陸，我們不要以為中華文化已經被共黨毀滅了。中國文化是毀滅不了的。古人說：「人窮則反本。」又說：「窮則變，變則通，通則久。」大陸今天真已途窮路絕，人心反共，激變隨時而起。那時外呼內應，易如反掌。我們總統在此時機提出文化復興一口號，正是國內外人所共同想望，共同盼切的。事在人為，顧亭林說：「天下興亡，匹夫有責。」我們可改為「文化興衰，匹夫有責。」待我們大家來努力。

六、中國文化與世界人類的前途

諸位，我這一次在空軍前後八次講演，都是以中國文化為中心。一、二、三講是講中華文化的理想，有關人生生活方面的。第四講文化與民族，講的中華文化如何而來，這一民族為何能創造這一文化。第五講從歷史上來看中華文化的進退升沉，有時候我們的文化前進，有時候後退，有時上升，有時下降，為什麼？這兩講，比較從歷史方面著眼。今天講的是「中國文化與世界人類的前途」。暫時脫離了我們自己來看一看外邊，看看這個世界，使我們了解中華文化現在的處境，與其將來的前途。

我以一個中國人立場來談世界人類前途，脫不了有些中國人的主觀，不免有眼光狹小，情感自私之病。但任何一外國人來看中國看世界，又何嘗不如此。我對世界情形，可說是一外行。我只讀幾本中國書，沒有接觸到國際問題的任何經驗。可是有些外國人，沒有到過中國，不識一個中國字，也在那裡講中國。外行人講話，有時也值得參考，我們也不必太自謙。

大家知道，世界上有四個最先興起的古文化，是埃及、巴比侖、印度和中國。到今天，巴比侖沒有了，埃及也不是從前的埃及，印度還是一樣有廣土眾民，但印度始終沒有成為一國家，長時期被征服，很多小諸侯，永不統一。而且印度人沒有歷史觀念，亦沒有歷史紀錄。他們雖然有一種和別人不同的文化，可是他們的文化應該有缺點，不問可知。今天世界就大處言，則有三種文化存在。一是西方、一是印度、一是中國。就實際情形言，今天領導世界的是西洋文化，誰也不能否認。西方文化領導世界至少已近兩百年。西方人的勢力向世界各方伸張，他們接觸到中國，我們中國人也便接受了西方文化之領導。我且講一小故事，前清光緒時，我還是十歲左右的小孩，在鄉間小鎮上一新式小學裡讀書。這即是中國人接受西方文化一個顯著現象。那時在學校教體操的一位先生，有一次問我說，你是不是喜歡看《三國演義》。我說是。他說，這些書你可不要看，《三國演義》一開始就錯，所謂天下「合久必分，分久必合」，一治一亂，那只是中國歷史走錯了路才如此。現在你要知道，像英國、法國，他們治了便不再亂，合了便不再分，你將來該要多學這一套。諸位當知，遠在前清末年，在一個小鄉鎮的小學裡，一位體操先生，他的頭腦早已那麼進步。他的話就可證明，當時西方文化在中國早有它相當的影響和勢力，早有人渴盼能接受西方領導。那是六十多年前的事，在我腦子裡還是永遠記得。

我說這兩百年來全世界逐漸接受著西方文化領導，那是不錯的。但進一步講，西方文化領導著我們的究竟是什麼？我覺得，領導二字用的不妥當。後來我十幾歲時，就知道有康有為，知道康有為有《波蘭瓜分記》、《印度亡國記》等書。當時中國被稱為睡獅，若再不覺醒，就要步波蘭、印度後塵，被列強瓜分亡國。這時上自光緒，下至全國民眾，乃至如義和團之類，全都如此想。可見當時我們最先感到的不是西方文化，乃是西方力量。那種西力在壓迫我們，不是在領導我們。光緒看了康有為這些書，就想變法維新，引起了政治改革。其實我們當時對西方文化的看法並不錯，只要是西方文化伸展到的地方，不管是在歐洲本身，或在美、亞、澳、非各洲，任何一地方，均會發生一種新現象，不是滅種，就是亡國。最輕是貧弱受制。波蘭、印度只是其中之一例。又如非洲，有大批黑人變成了奴隸，向美洲新人陸販賣。我小時也便知有《黑奴籲天錄》其書。試問西方文化所到，不用說領導，究曾對其他民族有一些照顧沒有。凡屬西方文化所到各地，並不見有幸福，反而有災禍，這是一件不能否認的事實。

所幸是西方文化力量有限，滅種有時滅不了，亡國也亡不了那些被亡國家的民眾對於往事之記憶。像我們中國，又貧又弱，一直如不可終日般，雖未亡國，但此一百年來常在動盪中，政治、社會、經濟、學術、教育，種種動盪，主要則動盪在全國人之心裡。這是我們此一百年來接受了西方文化衝擊而產生的災禍。當然，我們自己該負一部分責任。或可說該負大部分責任。然而我認為這兩百年來的西方文化向外伸展，並不是在領導世界朝那一方向走，它是在壓迫整個世界其他民族，使得沒有路好走。其他民族則都是被動，由他們驅逼，正如趕一群牛一群羊相似。或可說，這也說得並不過分吧。要之，西方文化用意更嚴重的是要呑併消滅這世界，讓這世界只剩下白種人，只剩下西方文化。

康有為等大聲疾呼要變法，孫中山先生起來倡導革命，當然都是受了西方文化影響。但西方文化並沒有在領導我們這樣幹，只是在壓迫我們不得不這樣幹。在西方人講來，西方文化是值得驕傲的。在不是西方人講來，西方文化究是可怕可嘆的。你要有辦法對付他。你要以力對力，否則它會一毫也不容情。

不僅我們接觸到西方文化受到很大災禍，即在西方文化自身內部，到後來，也親受到了莫大的災禍。第一次世界大戰的現代歷史，很明顯地擺在那裡。可是第一次世界大戰並沒有使西方人回頭，接著又發生了第二次世界大戰。今天的世界，依然還是西方文化在領導，試問那一個敢斷然說沒有第三次世界大戰呢？人類要求和平幸福的生存，便該另找一條路，求能避免第三次世界大戰之續發。可是究竟是那一條路，我們現在還是看不出來。若是第三次世界大戰果然會發生，世界人類所受災禍，當然要比第一、第二次大戰還更可怕得多。

我們再回頭看第一、二次世界大戰受禍最深最大的，其實乃是發動此兩項戰爭的國家，如英、法、德、意、俄諸國。德國是西方文化裡值得驕傲值得欽佩的一個國家，可是兩次世界大戰均蒙受了極大的災害。尤其是二次大戰後，德國被分割為東德與西德，那一天再能統一，誰也無法逆料，連德國人腦子裡也不敢設想他們何時再能統一。意大利出了一個墨索里尼，到今天，更衰退，不煩詳論。法國兩次亡國，全賴英、美協力相助，然而今天的法國，正在以仇報德，刻意要損害英、美，還想由自己來做西歐霸主。可見他們實在還沒有受到第一、第二兩次世界大戰的教訓，所以還是雄心不減，冒險前進。英國本執世界牛耳，有「日不落國」之稱，它的國旗二十四小時均有太陽照著，到處都是大英帝國的殖民地。今則大英帝國瓦解了，殖民地只留下一香港，再不可能回復往日帝國的好景。最近他們的軍力要從東方撤退到蘇伊士運河的那一邊去，歐洲六國的共同市場，英國想參加，法國人阻擋，參加不進去。戴高樂直告英國人，你們要與美國脫離關係，老老實實做一個歐洲國家，才能加入我們的共同市場。現在英鎊又再次貶值，可是英國是否肯一依法國人支配，只求加入共同市場，而不與法國在西歐爭霸，那是誰也知其不然的。英、法是西歐文化中最主要的兩國，今天都已退為二三等國家。德國尤其前途渺茫。西方文化這一種急退直下之勢，真是大值注意。

西方文化起源於希臘，希臘亡國了，希臘文化也中斷了。希臘本是一小半島，那裡只有希臘民族和希臘文化，而不能建成一希臘國，這可說是希臘文化最大一弱點。今天的西歐，同樣不像能統一成為一國家。他們也有人希望能由經濟融合慢慢兒再來政治融合，然而照現在情形看，西歐真要變成一國家，其事很難。這也是西方文化第一個弱點。

西方文化的來源，除了希臘還有羅馬，羅馬是一個帝國，由不斷的向外征服而存在。羅馬亡了，也如希臘般，並沒有帶給西方人一些教訓。繼續英、法兩大帝國之後，德國急起直追，要造成一個大日耳曼民族的大帝國。兩次世界大戰，皆由此起。今天帝國主義崩潰，西方這幾個文化發源中心地點，並不能把它們原來弱點改進，只是大勢所迫，把帝國主義的美夢暫時擱起。而國與國間依然紛爭，互不相讓，四分五裂，在所不顧，那真是大可惋惜的。

今天領導世界的兩大力量是美國和蘇維埃，一個是資本民主的，一個是共產極權的。是不是這兩個國家能在西方舊有文化之外另外來一套新的，此刻我們還看不出。從容易見得處看，美國文化來自歐洲，尤其承受了英國傳統。雖未繼承大英帝國的美夢，而其資本主義之發展，則後來居上，遠超過了英、法、德諸國。但其社會亦有許多嚴重問題。首先是他們的家庭幾乎已不存在。其次則黑白之間的界限未得融化。其三，青年犯罪及稀癖頹廢顛狂派之猖獗。其四，政治上亦毛病百出，所謂民主政治也漸見糜爛，幾乎不能與時代相適應。

蘇維埃呢？英國愛講文化的湯恩比，認為它是東方文化之一支，想把它在西方文化中踢出。

但蘇維埃的歷史關係，與其地理環境，當然屬在西方。今天蘇維埃的為禍於世界，西方文化終是丟不掉這責任。馬克斯從西方教育中長大，在倫敦寫他的《資本論》。共產思想由法國傳播到俄國。共產主義只是資本主義之一種反動，沒有資本主義，也就沒有共產主義。因此資本主義的社會也終於消滅不了共產主義之流衍，這是一體的兩面。直到今天，自由西方只講民主，講自由資本，但並沒有反抗共產主義之決心與可能。我國共黨攘權，英國首先承認。越戰不僅法國不參加，英國亦然。他們考慮的只是眼前利害，只為自己著想，絕不顧到人類共同的道義與共同的前途。

當前的聯合國，亦無道義可講。中共要進聯合國，連年討論不決。在聯合國中，共產極權與資本自由本屬平等地位。只說求和平，但從不在道義上求和平，只在利害上求和平。這樣下去，第三次世界大戰終將無法避免。大戰所以不立刻起來，則因有核子武器，互相懼怕。等於兩人持刀相對，各要向前，這事總不會了結。

二百年來西方文化演進，造成了今天的局面。今天的西方文化，顯然已走近了末路，至少英國、法國如此。諸位能說帝國主義資本主義不是西方文化嗎？現在帝國主義崩潰，共產主義反動，還不是這一文化正在走向下坡嗎？在這情形下，各地民族紛紛起來組成新的獨立國。聯合國席位天天增多，今天來講世界歷史，世界地理，實在倍感繁重。正可說這個世界是一個紊亂的世界。但我們要問，這許多小國，趾高氣昂，爭獨立，爭自由，爭平等，這些想法，不都是西方文化在領導嗎？西方人固然不願來領導殖民地爭獨立平等和自由，實際只是受了西方文化影響，使西方也感到無奈何。再問這許多新興國家，在西方文化理想之外，有什麼新的理想呢？這是沒有的。在西方人觀點之外有什麼新的觀點呢？也是沒有的。西方文化自身發生了種種糾紛和衝突，才引起第一、第二次世界大戰，才分成資本主義社會和共產主義社會之對立。現在全世界各國都是接受了西方文化，只有增加糾紛，增加衝突。希望聯合國來調解來促進世界和平與繁榮，也是辦不到。如印度和巴基斯坦，埃及和以色列，土耳其和希臘，到處起鬨，到處緊張，隨時隨地總是不安。美蘇之間固不致立即引起大戰，但小國之間的不斷戰爭，亦可引起大戰爭。今天的世界，真是誰也不知道明天又會有什麼事發生。

以上只從粗的一面講。讓我們再講到深處。西方在一百多年前，有兩派大思想，激動了這世界。第一派是達爾文的生物進化論。他明白提出物競天擇優勝劣敗的大鐵律，這是不是在提倡鬥爭呢？勝的便是優，敗的就是劣。不經勝敗，則何見優劣。而且即用來說禽獸草木，如蔓草荊棘豈即是優，名花佳卉豈即是劣。更嚴重的是漫滅了人類與禽獸的界線，要在人類中強分優劣，其標準則僅憑競爭而定，如此則人類寧得有安定之一日。更要的是「進化」二字，認為生物不斷地在進化，從一個微生物進化到低級的植物，更進到動物，進到脊椎動物，再進到人類，此有科學證據，真實明白，不能否認。但到了人類，自己有智慧來創造人類自己的文化，不該再跟著植物動物一例相看。淺薄的進化論，認為人類也在不斷地進步，古不如今，甚至認為百年前絕不如百年後，十年前也不如十年後。此一見解，為禍最烈。難道今天我們在電燈光下看書便一定比先前在油燈光下看書的進步嗎？乘飛機坐汽車的一定比古人騎馬坐車的進步嗎？在使用物質方面是進步了，但並不即是人的進步。中國有孔子，距今已逾兩千五百年，印度有釋迦，和孔子時代差不多，西方有耶穌，回教有穆罕默德，距今都近兩千年，難道今天我們人就都比他們進步了嗎？一百年後的哲學家、文學家，難道定勝過一百年前的嗎？誤解了進化論，它的最大病根，教我們認為後一代必定勝過前一代，叫人類競求向前，永遠沒有一個站腳點。又太重了物質的，漫失了人類在其他精神方面之成就。

第二派思想激動全世界的是馬克斯的《資本論》。在達爾文以前，早有人主張生物進化那一套話。我們不能不說馬克斯也受了這方面的影響。現在把共產主義和生物進化論簡略作一比較，顯然馬克斯也在提倡鬥爭，和達爾文觀點大同小異。馬克斯把人類強分階級，他也抱有一套淺薄的進化論，認為人類歷史由奴隸社會進化到封建社會，再進化到資本主義社會，再進化到共產主義社會，一路向前。他又以物質生產工具和生產方式作標準來批判人類的一切高下。不論文學、藝術、宗教、哲學、政治、法律，都是等而下之，為生產工具與生產方式所決定。達爾文把人和禽獸的界線漫失了，馬克斯把人類歷史唯物化，也把人類文化有關精神方面的一切抹殺了。此兩人同是提倡鬥爭，同是主張進化。恰值近代西方物質科學創造發明日新月異，正足為人類進化之大證據，同時亦是人類鬥爭之大武器。於是一切科學進步，為此兩大思想所運用，等於為虎添翼，轉致利不敵害。

達爾文的進化論，在先雖為一部分宗教家反對，但也沒有反對到達爾文思想之真病根所在。英國大文豪蕭伯納講過，一個人在三十歲前不信共產主義，那人就無足道。在三十歲後還要信共產主義，那人也同樣無足道。這話毛病很大。蕭伯納是不是在說共產主義可信，只是奉行共產主義之真實情況不該信呢？不僅蕭伯納，羅素也這樣，我們從此可以看出西方人思想的本身裡面有毛病。他們似乎喜歡以偏概全，不能觀其會通。達爾文的生物進化論，把植物動物來概括人類。馬克斯的共產主義，把物質生產來概括歷史文化之全部，這些都是以偏概全。

西方思想之第二毛病是喜歡憑空立論，不切就實際一步步向前。西方哲學家都是僅憑一兩個觀念，推擴演繹，造成一番大理論，然後再把這番理論應用到現實界，這就出毛病。憑空立論，固易恣肆，但落到實際則不免空虛。達爾文、馬克斯兩人比較從著實處開始，因此易得聳動，但其以偏概全之病，則為禍更大更深。再從另一面講，達爾文思想從生物進化再轉到人文進化，馬克斯從物質生產轉到人類歷史上之一切人文活動，則依然是一種不切實際之空論。

今天的人類，似乎應該途窮思變，而究不知從何變起。現代西方已極少大哲學家大思想家出現，不再能有新觀念、新理論來為當前人類指示出路，解決難題，此乃人人所知之事實。

再回頭來說，我從小聽了那位體操先生的話，卻早就想中國必該有中國的道理，只我不敢隨便批評西方。到了第二次世界大戰，西方人自己說，此一戰爭乃是政治思想的戰爭。我想西方人不認為民主政治是最進步的政治嗎？如何又會發生起政治思想的戰爭呢？然後我才知道西方的政治思想也多以偏概全，憑空立論。若能因時因地制宜，則政治制度儘可有變通。如英、美同是民主，又何嘗一律，則又何致因政治思想而引起世界大戰？今天他們似乎又變了說法，說各民族可以各有自己喜歡的政治。蘇維埃的極權，再不會像希特勒般被攻擊。政治如此，經濟亦然。亞當・史密斯講自由經濟，其所持理論，似乎是千真萬確，不會有問題。然而不久之後，保護經濟，計劃經濟，接踵而來，豈不是思想要跟著時代變。若我們再在今天來讀亞當・史密斯的《國富論》，便見有許多是以偏概全的說法。既是以偏概全，自然免不了有許多憑空立論處。

我認為西方文化，至少是近代的西方文化，有兩大病。一是偏向於唯物，一是偏向於鬥爭。故他們認為文化可以掠取。在倫敦、巴黎博物館陳列埃及、希臘許多古器物，正是當時英、法帝國主義強奪豪取之真贓實據，而彼兩邦不以為恥，轉以為榮。在倫敦博物館有一室，專列雅典古物，並特製一模型，表示雅典在取去此等古器物之前後之轉變情況。埃及木乃伊，分布英、法、美三國之博物館。在美國者，則多由資本財富購買而來。我們唐代敦煌古經卷古佛像，亦大量收藏於倫敦、巴黎，則多由偷竊而去。不知人類文化乃由天地人三者配合產生，今將古器物遷移脫離其原來之天地，則此等器物之生命精神即失去。如英、法諸國帝國主義繼續披猖，中國曲阜孔廟亦有遷去倫敦巴黎之可能。然脫離了其原始天地，歷史傳統，則孔廟精神斷不存在。生命已斷絕，內在精神已喪失，尚何文化價值可言。帝國主義與資本主義同是一戰爭，一為兵戰，一為商戰。戰爭所得，僅屬器物，不是文化。科學發明，則僅為從事戰爭作工具。正可見西方人太看重了器物，而不知看重文化的生命。崇拜希臘，正當盡量保留雅典原形，使世界各地人皆可前往瞻仰，不應把雅典所遺文物囊括席捲而去。今在英、法、美三國博物館裡，除了巴比侖、埃及、希臘古器物外，就少不得要有中國的古器物。此下接著便是現代歐洲科學機器，無放進博物館之意義，所以他們只有在博物館之外再來一個科學館。這裡很可看出現代歐西文化之面相。

今再說，當前世界人類，另外擁有一種優良文化，博大深厚，足以與現代歐西文化抗顏行者，則只有中國。中國文化重人禽之別，重義利之分。尚和平，不尚鬥爭。論是非，不論古今。正與上述達爾文、馬克斯思想相反。換言之，乃是與現代思潮相反。我們儻能不自暴自棄，高瞻遠矚，平心深慮，實在只有發揚中國文化，不僅為救中國，亦可以救人類，此乃中國人當前一大責任大使命所在。

不幸中國此一百年來，經不起西方文化強有力的衝擊，把自己的民族自尊心文化自信心掃蕩一空。不像軍事經濟政治都向外國學習，連文學藝術，甚至日常人生，都要學外國。自己文化傳統，棄之惟恐不速不盡。大批青年之最高理想，最大希望，便在出國留學。在其出國前，對中國社會實情，文化精義，毫無所知。留學則各務專門，不論對其所專門者是否能深入精通，要之，對所留學國家之社會實情及其文化精義亦不深知。回國後，不僅不能溝通中西，並亦不能將其各自專門者互有溝通。正如一人百病叢生，不知病在何處，卻向海外求仙方，而所得仙方又是各色各樣，種類繁多，回來醫藥亂投，病上加病。算只有科學可無國界，但學科學的回來後，也感在國內無可展布。於是思想益增混亂，人心全受動搖，惟求再有一變，而共產黨遂以乘機竊國。

此講皆屬眼前事，諸位且平心細思，莫認我只在此說外行話，說大話，說不合時代思潮之頑固話。若我們能對民族自尊文化自信有一覺悟，有一轉機，我總認為不僅對自己國家民族，乃至對世界人類前途，我們的復興文化運動該有其貢獻。

七、中國文化中的最高信仰與終極理想

諸位：今天講題是「中國文化中的最高信仰與終極理想」。文化是指某一大群人經過長期的生活積集而得的結晶。此項結晶，成為此一群人各方面生活之一個總體系，其中必然有他們共同的信仰與理想，否則不能成其集體性與傳統性。今天我講中國文化中之最高信仰與其終極理想，乃是要從文化全體系中而獲得此認識。中國文化有一特質值得我們注意者，乃是在中國文化中沒有展衍出宗教。佛教、回教、耶教都在中國社會傳布，佛教尤其盛行。在中國文化發展過程中，也有其甚大之貢獻與影響，但中國文化自身卻沒有產生一種宗教。古代各民族，差不多文化一開始就有他們的宗教，而中國一向沒有。但中國人雖無宗教，而確有其所信仰。為什麼中國人自己有一套共同信仰而卻不產生宗教？為什麼各種宗教都能跑進中國社會，而且跑進中國社會以後，其相互間會不發生衝突？在其他民族中，常因兩個宗教碰頭引起衝突，甚至發生戰爭，那些戰爭可以蔓延擴大，歷久不得解決，而在中國獨不然。中國人可以有信仰而無宗教，中國社會可以異宗教並存而不起衝突，這些都是極值得我們注意研究的。

我們今天簡單來講中國人的最高信仰，乃是天、地、人三者之合一。借用耶教術語來說，便是天、地、人之三位一體。在中國，天地可合稱為天，人與天地合一，便是所謂「天人合一」。《中庸》上說：「唯天下至誠，為能盡其性。能盡其性，則能盡人之性。能盡人之性，則能盡物之性。能盡物之性，則可以贊天地之化育。可以贊天地之化育，則可以與天地參。」這說明了中國人最高信仰之所在。人能贊天地之化，還能贊天地之育。一切宗教只說人要服從天，佛教則說人要皈依法。現代科學則要憑人的智慧來征服自然。都不說是要來贊助天地之化育。中國人理想，則人在天地間，要能贊助天地來化育，這就是我們人參加了這個天地，與天地鼎足而三，故曰與天地參。而最後成為天、地、人之三位一體。

天地有一項工作，就是化育萬物。人類便是萬物中之一。但中國人認為人不只是被化育，也該能幫助天地來化育。在宇宙間，有三個能化育的，一是天，一是地，其三便是我們人。這一信念，似乎為其他各大宗教所沒有。我常說，世界任何一民族，任何一宗教，他們之所信仰，總認為有兩個世界之存在。一個是我們人的世界，或者說是地上的世界，物質的世界，肉體的世界。

另有一個是靈的世界，或說靈魂的世界，天上的世界，或說天堂。耶穌教就這樣說，人在天上世界犯了罪，被罰到這個世界來，所以這個世界有它的原始罪惡性，它終會有一個最後末日，我們信了耶穌就得救。所謂救，是救我們的靈魂，重回天堂去。這個世界，則似乎是沒有救的。這豈不是清楚地分了兩個世界嗎？回教和耶教差不多。佛教裡講的諸天，其地位尚在佛法之下，諸天同人一般，亦要來聽佛法。皈依佛法可入涅槃界，至於這個人世界，則是一輪迴界，由人類自己造業而起。如是則佛教，耶教，回教都一般，都說有兩個世界。即如西方哲學似乎亦都有兩個世界的想法。若他們只承認一個世界，則此一世界便成為唯物的，無神的。多數西方人認為此世界要不得。至於中國人所講所信仰的世界，則只有一個，而又不是唯物的。

中國人也信有天，在中國人的原始信仰中，也許這個天和耶教回教所信仰的上帝差不多。後來演變，常把天地連在一起，便和現代科學只認為是一自然的講法差不多。就中國人觀念講，天地是一自然，有物性，同時也具神性。天地是一神，但同時也具物性。大地生萬物，此世界中之萬物雖各具物性，但也有神性，而人類尤然。此世界是物而神，神而物的。非唯物，亦非無神。《中庸》上說：「天命之謂性，率性之謂道。」人與萬物都有性，此性稟賦自天，則天即在人與萬物中。人與萬物率性而行便是道。《莊子》說：「惟蟲能蟲，惟蟲能天。」天叫它做一蟲，它實實地做一蟲，在蟲之中便有天。那蟲也便就是天。人則有了文化，遠離自然，也便是遠離了天。

此是莊子道家說法。《孟子》則說：「可欲之謂善，有諸己之謂信，充實之謂美，充實而有光輝之謂大，大而化之之謂聖，聖而不可知之之謂神。」是乃人神合一，人即是神，也可說人即是天，主要在人實有此善，而此善實即是天賦之性，人能盡此性之善，即是聖是神。其實即是性道合一，人天合一，人的文化與宇宙大自然之最高真理合一。此乃是孟子儒家見解。

說到此處，不僅是中國文化之最高信仰，也即是中國文化之終極理想。人的一切即代表著天。整個人生即代表著天道。說部《水滸傳》中的忠義堂一百零八好漢，也是在替天行道。忠義是人性，所行之道則是天道，此亦是中國文化之最高信仰與其終極理想深入民間，淪浹心髓，為一般社會共同所接受。

現在再進一步講，天是陰陽大氣，但有一個神，即是上帝，或稱天帝。天上有日月星，天下有地，地上有江河山嶽，一切莫不有神。即如土石草木皆有神。在中國人觀念中，一物即一自然，同時即寓有一天，或一神。中國人觀念中之自然界，乃一神與物之交凝合一體。可知者乃是形而下之物，不可知者乃其形而上之天與神。神亦有等別，有大神、小神、正神、邪神。如天是大神，日月星便比天神為小。地是大神，河嶽山川便比地神為小。各地有城隍神、土地神，比河嶽山川諸神又小。諸神間之等級，卻如人間政治組織般。又如古有社稷，社是地神，稷是五穀神。天地生萬物，不煩天地親自處理，物各自然，即物各自生，因此物各有神。五穀與人生最密切，故特奉稷神與社神同祭。人之大原出於天，故人崇祀天地，卻不再有一最早之人當奉祀。但各民族各有最早之祖先，由各民族各別奉祀。亦如各一家各有祖先，由各一家各自奉祀之例。在中國人觀念裡，神的世界與人的世界非常密切，亦可說天人合一，即是我們最高信仰。文化與自然合一，則是我們的終極理想。

因此在中國社會中之神世界，其實皆由人來建立。不僅五穀有神，即一棵大樹，生長了幾百年以上，我們即封他為神，並由它來代表土地神，那樹便不許斬伐，並得每年去祭祀。明代有一部小說稱《封神榜》，封神正是我們文化中幾千年來一傳統。神由人封，那不奇怪嗎？但大家視之為平常，其實這即是我們中國人的信仰。神可由人封，也可由人免。一個國家亡了，那國家的社神稷神也隨而變了。可見神由人封，在中國自古即然。所以天、地、人並列為三才，人可贊天地之化育，與天地參，可替天行道，那麼自可由人封神。天神、地神不由人封，但人可封一人神去參贊天地，此即所謂配天地。如泰山神，如洞庭湖神，那些神，不全是自然神，有時由人神去當。某一人死了，他可以當泰山神，當洞庭湖神。

諸位定會說，這不是迷信嗎？若諸位定要說這是迷信，那麼耶穌是上帝獨生子，是不是迷信呢？諸位說這是宗教信仰，這是高級的一神教，中國人的是迷信，是低級的多神教。然而從什麼地方可以找到證據，證明上帝只生了一個兒子耶穌？穆罕默德不答應此說，兩個兒子打起來，是為宗教戰爭。諸位當知，我並不在此反對耶穌教，耶穌教自有它一套道理。我此刻是在講中國文化，講些中國人所信，其中也自有他的一套道理。道理不同，演出文化之不同。我們暫時也無法贊成某一套，或反對某一套。

中國人稱神又稱靈，動物中龍、鳳、龜、麟稱四靈。龜為其能壽，中國人便也封它為靈了。活時稱靈，死後應可為神。物各有靈，故物各可以為神。人為萬物之靈，那麼人死後得為神更屬自然。其靈何在？靈便靈在性上。性由天賦，故靈由天得，神由天成。中國人觀念中，此大自然之統體，便具有一最高性靈。物各有性，所以物各有靈。能發揮此靈性之最高可能而對此自然界有最大功德者，中國人便稱之為神。所以中國人的神，還是在這一世界中，上帝也是在這一世界上，其他日月星宿、河嶽山川諸神，也都在此一世界上。諸神之等級，則由其所蘊之靈性與其所顯之功德而分。

人的靈性與其功德，有時比不上日月星宿與河嶽山川，但有時也能德並天地，功參造化。那便人而可以配天了。只要功德在社會，其人雖死，其神常存，即存在此社會上。如就臺灣言，有孔廟，即如孔子仍在此社會上。日月潭有文武廟，即如關羽仍在此社會上。臺南有鄭成功祠，嘉義有吳鳳廟，即如此兩人仍在此社會上。又如泰山長江為什麼都有一個神，因泰山長江都對人類有功德，有貢獻。但為何泰山華山不并為一山神，長江黃河不并為一水神，則因河嶽山川各有個性。泰山與華山個性不同，長江和黃河個性不同，因此其靈氣不同，而功德也不同。便各封一神來奉祀。在人亦然。個性不同，便成人格不同。關羽和岳飛不同，鄭成功和吳鳳不同，但各有他們的人格影響。影響流傳，便即是神。比神降一級者稱做鬼，鬼亦分等級，鬼之最高級者便是神。我們各有祖先，人之父母，雖無功於整個社會，但於我有功，我該對他有崇報，所以父母死後，便為他立神位。父母之於我們，內有德而外有功，我們便該崇之為神，別人則稱之為鬼。別人各有父母，在他亦奉之為神，在我亦稱之為鬼。鬼之在人心，狹小而短暫。神之在人心，則廣大而悠久。不要認為人一死就沒有了，至少為父母的，在其子女心中還是有。人之死後留存廣大而悠久的便為神。所以中國人觀念中的神，並不是進入另一世界去了，再不與此世界有關係。所以我要說，其他民族信仰有兩個世界，而中國人則只信仰一個世界。

人不是在此世界中一死就完了。此世界有過去，有未來，但仍是一體而相通。人死而為神，則是直通此世界之去來今三世而有其長久之存在。縱使人死不能成神，但我有父母，則我之生便與前代相通。我有子女，則我之死又與後代相通。世界各民族所創建之宗教，都信人死則到另一世界去。中國人觀念中這一個自然界，與人類所創立之人文界，交凝相通，合而為一。故在我們的人文界中乃到處有神。抗戰期間，我到成都灌縣看二王廟，那是秦代治水有功的。治水是件大事，有大功德，二王廟便是封那治水有功的為神。甚至如唱京戲，也崇奉一神，五代時的梁莊宗便是他們的神。做木匠的也有一神，戰國時的公輸般便是他們的神。若照中國人想法，現代西方科學界凡有大發明大成績的，即如開始建摩天大廈，開始築跨海長橋的，都可奉之為神。此神長在人文社會中，亦即長在自然界中，人文界和自然界不必劃分為二，大可融通合一。西方人建一銅像來紀念某一人物，在西方觀念中，此人並不尚在此世，只是死了而仍為人類紀念，這就與中國人觀念有同有不同。

上面講了人文界與自然界之合一，其次要講死人世界和活人世界的合一。中國人認為死人並沒到別一世界去，有些人死了，還在我們活人社會裡，而被封為神。這也是一種信仰，或說是一種文化表現，不能定說它是迷信。沒有這事而硬信有這事，那才是迷信。天有日月星宿，而我們奉之為神。地有河嶽山川，而我們奉之為神。人有聖賢功德，而我們奉之為神。那都是事實，是我們的文化表現，如何說它是迷信。如中國歷史上有孔子，孔子對後代歷史有大功德，後代人相傳崇祀孔子為神，那些全都是千真萬確的事，那裡是迷信？所以我說，中國人雖無宗教，而有信仰，信此大自然之統體不是一唯物的，而同時有其靈性。且信我們人類的靈性，較其他一切有生無生為高。信此活人世界能與過去死人世界相通。活人從那裡來？豈不是緊跟著死人世界而來。沒有已死的人，就沒有我們活人。俗說死人在陰間，活人在陽間，人死了到陰間去，那麼還是先有陰而後有陽，還是先有陽而後有陰的呢？中國人說，一陰一陽如循環之無端。黑夜就是陰，日間就是陽，陰陽雖分而實合，則陰間陽間還不是一個世界嗎？

再說到中國的社會風俗，這裡面也顯然有三位一體的信仰之存在。如言時令，有二十四個節氣，但同時有人造的節日。中國人把此二項混合看待，不加區別。如清明、冬至是自然節，端午、中秋、重陽是人造節。中國人在節日中，又多增添一些神話故事，使得人文自然益加親密配合，社會禮俗隨著天時節氣而多彩多姿。這亦是一種天人相應，把我們的日常生活推衍到大自然變化中而與之呼應。最顯著的如新年有除夕與元旦，使我們認為這是天地的日新與不斷的開始，人生亦隨著日新，隨著有不斷的開始。冬天去了，春天來了，除舊布新，人生隨著天地而欣欣向榮。這個節日是人造的，但極自然，不覺有人造的痕跡。這就是那人文參加進自然裡面而演化成為一體了。此中有信仰，有希望，有娛樂，極富禮樂意義，極富藝術性，亦極富傳統性，極富有關於民族文化信仰之啟示性與教育性。但到最近，大家對自己文化無了解，無信心，因此對此種節日亦覺無趣味，無意義。中國社會上之新年節日不廢而漸廢，生活乾枯，耶誕節日代之而興。中國社會並非一耶教社會，中國文化亦非一耶教文化，而中國人則追步西方，來過耶誕節日。這裡面自不免夾雜著許多無情無理之盲目效顰。

我此次去東港演講，適遇那裡大拜拜，搭有一個大牌坊，上面寫著「代天巡狩聖駕」，意思是說有一神巡狩到那裡，其他諸神都來匯合，向他報告。這一個拜拜，隔幾年又轉換到別一地去集合。這裡卻還是保存著些中國文化之情味與意義。巡狩是中國古代歷史上為求政治統一而傳說有此禮。臺灣拜拜亦採用了巡狩制度，實可為往年臺灣各地社會融和有些貢獻。我到嘉義時，特去北港看媽祖廟。傳說媽祖是南宋時代一位有功德於人的女孩子，後來被封為神，為她立廟奉祀。福州、漳州人來到嘉義，就把此神也帶過來了。直到今天，香火還很旺盛。我們當知，那時在此荒涼寂寞的海島上，一批批的移民，懷念鄉邦，想望祖國，此一媽祖廟，實使大陸與此海島有其心靈上之相通，故乃習俗相承，香火不衰。我曾歷南洋各埠，像此媽祖廟一類之崇祀，到處有之。此等縱說它是迷信，但亦從文化傳統之最高信仰中流衍而出。神總得與人相親。今天的非洲人也在說他們要一上帝，但要一黑面孔的，不要白面孔。此乃人類內心一種自然呼聲。中國是一大國，古代的中國人即已擁有廣大的地區，中國人自然也要有一個上帝。但中國古人想法，在此一上帝之下，還可有五方上帝。若把此想法應用到今天，派一個黃面孔的上帝在中國，一白面孔上帝在歐洲，一黑面孔上帝在非洲，那許多上帝統受一最高上帝之管轄。豈不也很好嗎？中國文化理想中有齊家，有治國，有平天下。在齊家理想下，各自祭其祖先。在治國理想下，可有五方上帝，下面有河嶽山川之神。在平天下理想下，則可有一昊天上帝。中國古人把政治理想和宗教信仰配合，諸邦國之下還有各鄉社，各有奉祀。中國人信仰中之天地人三位一體，乃亦由此諸神分列下表示出來。現在定要說它是一種低級的下等的多神教，必要信仰一神教始是高等的上級的合理的信仰。但既有耶穌，又有穆罕默德，單是一神，至少暫時不能統治此大地。經過不斷的宗教戰爭，而生出信教自由之呼聲來。但雖自由，仍有壁壘。各自分隔，不相融和。其實宗教不同也只是一種文化不同。我以上所講，只是說明了中國文化中之所信仰，並不是要來提起宗教論戰，此層則請大家分辨。

上面說過，在中國社會上有天神，地神，人神。說到人神，即便滲透到人的歷史。歷史不是一層平面，而是有過去，有現在，有未來，有其時間深度的。即說到眼前的社會，也有其時間深度，而不是一平面。同時有小孩，有青年，有中年，有老年，正如一片園林，有幾百幾千年的老樹，有十年幾年的新樹，有花有草，或春生秋凋，或晨開夕萎，空間平面上融進了時間深度而參差不齊。清夜仰視，有些星光從幾億萬光年外射進我眼，有些則僅是頃刻之光入我視線。中國社會盡量把此時空合一，即天地合一，又渾化進人生而成為天地人合一。在中國，每一地方必保留很多古跡，如祠堂墳墓，如碑，如廟，歷史上人物只要和此地方有關係，盡量把它來裝點上，教人一瞻仰間，即覺吾人乃在此天地人之融和一體中存在。中國的全部歷史，即在全國社會上分別保留，分別顯示。我初到臺灣來，一聽到吳鳳的故事，就深為感動。後來親自去拜謁吳鳳廟，臺灣歷史上有光輝之一頁，即在我瞻謁之下顯示在我心。臺灣同胞之同是中國人，臺灣社會之同是中國文化所孕育成長之一社會，即在吳鳳廟一拜謁間，一切自可心領神會。我最近到北港，又去瞻謁顧思齊的紀念碑。顧思齊是明末福建人，第一個帶領一批人來到北港的拓荒者。我在南洋各埠，在馬六甲，在檳榔嶼，在新加坡，在其他地區，也看到了不少類似的紀念碑廟。中國人總是愛把死人拉進活人世界來，把各地的歷史性加深，文化性加厚，因此使各地生人之德性也隨之更加傳統化。若你儘說這些都是迷信，都是中國人守舊頑固，都是中國人之鄉土觀念宗族觀念在作祟，那也無可奈何，辯無可辯。但在中國人的想法，總是要把我們人生在仰有天，俯有地，上有千古，下有千古中，覺得此世界不是薄薄一平面。各人過了一輩子，即與草木同腐。而要人感到此世界之可愛，此世界之積累深厚而有其意義。此一種要求與情意，卻不該儘加以嗤笑與鄙薄。我在美國，喜歡去看他們的小城小鎮，雖是寥落幾家，定有一個禮拜堂，使我想像到他們祖宗幾百年前跨海遠來新大陸時的心情與景象。現在我們要把自己社會上一切舊的風俗習慣禮教信仰一起去掉，或者置之不理，讓其自生自滅。要把中國社會趨向一無神、無信仰、無歷史傳統的，純物質，純功利的，只在此一層薄薄的現世生活面上你爭我奪，那是一件很危險的事。

耶穌教到今天，已經近有兩千年，可是中國人信耶穌教卻是很幼稚，不像西方人那麼深厚，要把中國社會變成一耶教的社會，此事非咋嗟可期。要把中國文化變成一耶教文化，其事更難。中國社會上佛教比較深厚，回教歷史也久，但也不能把中國社會變成一佛教回教的社會。民初提倡新文化運動提倡全盤西化的人，只提出了民主與科學，卻把宗教拋棄一旁，不僅拋棄不理，還常有極濃厚的反宗教傾向，於是打倒了孔家店，冷落了釋迦牟尼，又不請耶穌、穆罕默德來，那麼馬克斯便乘虛而入，此乃眼前教訓。可見講文化，宗教信仰也該鄭重考慮討論才是。

現在我再講中國的藝術，來說明中國人的想像。專舉畫來講，一幅山水畫，就是天地人三位一體的一種結構。一幅畫上定有空白，有春夏秋冬四季分別，那都是天。一座山，一溪水，一棟房子，一座亭榭，那都是地。中間畫著一漁翁，或是趕著驟子做生意的，或是讀書彈琴的，或是倚著一杖在那裡看天看地的，這都是人。這是畫中之主。天有氣象，地有境界，人有風格。在此氣象境界之中有此風格，配合起來，這是一個藝術的世界。中國畫便要此氣象境界與風格之三者合一。倘使沒有畫進人，就是畫一雙燕子，一枝楊柳，風吹柳動，這一雙燕子便是主，楊柳是地，風是天。如畫一雁，便有一叢蘆葦在水邊，那是地，周圍空處是天，這一雁便是畫中一個主。中國人不大喜歡畫靜物，如一隻茶杯放在一張桌子上，那也可以畫，但此種畫風在中國不盛行。中國畫家喜歡畫出有生氣的，如畫一朵花，總不畫它的陰影。畫了陰影，等如畫一靜物。中國畫也不願酷肖自然，而要把人文意境融入，另成一天地。如畫梅蘭竹菊，只是自然，但有生命，而且有人文理想作襯托，故稱四君子。天地大自然，一切是景，裡面有了主人，有了生意，便有了情。中國畫要求在畫中見性情。畫中有性情，則此畫家之性情自會躍然出現。而欣賞此畫者之性情也從而喚起。因此即看壁上一株柳，一雙燕，只覺我心無上愉快，那即是我性情獲得恰到好處。則作畫雖是一種自然描寫，卻也在畫中畫出了一個人文之道來。

我之所講中國文化的最高信仰，天地人合一，世界則只是這一個世界，在此世界之外，更沒有第二個世界。而此一世界則是直貫古今的。我們從這一點再來講中國文化的終極理想，究竟人類理想最後要達到一個怎樣的境界去？耶穌教說，世界末日到來，能上天堂的就上天堂，不能上天堂的就下地獄，上帝不能天天老在愛著這世界。佛教講最後的清靜寂滅，一個無餘涅槃的世界，到此便超脫了輪迴眾生界。中國人則只講世界大同，天下太平，其終極理想還是在這個世界上。我今問，現在的歐洲人美國人，科學發展到如此地步，他們有沒有想到像中國人所想的世界大同，天下一家呢？上一世紀的英國人，似乎只想這個世界是他們的。他們兵艦所到，國旗永遠有太陽照著，殖民地則永遠由他們統治。若能讓殖民地人也信了耶穌，死後同上天堂，那是他們的義務。至於在此世界上之帝國主義以及殖民政策，則像不復與耶穌相干。耶穌的終極理想，似乎並不在此世界上。中國人則只認有這一世界，因此只在此世界上作安排，作期望。修身、齊家、治國、平天下，天地人三者合一，便是一止境。但最近的我們又要笑自己說，中國人地理知識太缺乏，不知天下那般大。但至少古代中國人也知道了這個國家之外還有一天下，所以不僅要治國，還要平天下。此一理想，在春秋戰國時就有，那時有很多國家，所以想治國，便要連帶想平天下。到秦漢一統，四外蠻夷比較不成大問題，一個國家即等於是天下了，那亦不足深怪。可是今天，看這世界，看聯合國的種種情形，才覺得世界大同、天下太平的這一理想，還得要再宣揚。單憑軍事武力，不能叫世界大同、天下為公的。回教教主穆罕默德，右手一把刀，左手一部《可蘭經》，憑武力來宣揚教義，究竟有限度。若論經濟方面，單憑貨財交流，也不能使世界大同、天下太平。法律之前人人平等，但法律更不能使世界大同、天下太平的。一切不詳論，最難的還是宗教問題。佛教、回教、耶穌教、印度教，一切宗教，似乎都沒有統一世界之可能。中國人所想像的天下太平，世界大同，似乎最偉大，最實際，但講起來，諸位或許會覺得其很荒唐，很玄虛，很迂腐。《大學》上說：「欲明明德於天下者，先治其國。欲治其國者，先齊其家。欲齊其家者，先修其身。欲修其身者，先正其心。欲正其心者，先誠其意。欲誠其意者，先致其知。致知在格物。一是皆以修身為本。」是則一切皆從個人本位做起，從自己德性上做起。諸位，不會覺得這些話太迂腐嗎？但我問諸位，是不是能想出另一條捷徑呢？軍事、經濟、政治、法律縱使能統治此世界，但不能使世界大同，天下太平。這些只是在人類之上再加上一番力量，叫人不得不從。中國人卻最看不起這個力量。要把這個力量大而化之為道為天，小而納之於各個人的德性，使各人的德性能與天與道合而為一，則各人便是一樞紐，一中心。此身即是一自然，亦即是一天地，與大群合一之天地。但此不是西方哲學中之唯心論。中國文化最著重人，要叫每一人成為天地中心，作天地主宰。縱不是作全天地的主宰，卻能作我一小天地的主宰。泰山神只能主宰泰山，黃河神只能主宰黃河，吳鳳成了神，其實吳鳳也只能主宰吳鳳自己。但諸位不要認為我說一個人能做天地中心作天地主宰的話太誇大了。宋代的理學家說：「萬物一太極，物物一太極。」其為太極則一。我們每一個人，要能與天地參，要能天地人三位一體，則此人便是圓滿無虧一太極。宋代理學家張橫渠說：「為天地立心，為生民立命，為往聖繼絕學，為萬世開太平。」天地像是沒有心。我們替天行道，便是為天地立心。此所行之道，在我僅是修身，若僅是一小道。但道能大能小，只要不違天，那道就大。上帝生我此身，或者上帝當時也未想到如何來運用我此身。此刻我們要為天地立心，我的心就是天地心。上帝只是要生萬物，此刻我對上帝說，這裡栽一朵牡丹好不好？上帝會答應我說，你栽吧。我在此把那亂草除掉，栽一株牡丹，也是為天地立心。我們的命運像是掌握於天地，但天地並不管，治亂興亡一由我們自己，我們為生民立命，要使其長治久安，上帝也不來反對。但此中有大道理，大學問，中國古代聖人早已講過，我此刻來為往聖繼絕學，也即是為萬世開太平。這即是為實現世界大同、天下太平開一路。

此刻我再提出大家都知道的兩句話。在《三字經》的開始說：「人之初，性本善。」性本善三字，即是中國人的最高信仰。人性本來都是善的，即是萬物之性也未嘗不善。耶穌教原始罪惡論，說人是帶著罪惡而來此世的。佛法有造業說，人生造業，免不了輪迴。所謂善惡，由佛教看來全是業。中國古人說，人性稟賦自天，人人可以善，人人願向善的路上跑。「人皆可以為堯舜」，此不是指的作為政治上領袖，而是說每一人的人格德性都可做得一理想至高的善人。人人做一善人，才是世界大同，才是天下太平。不是說大家有飯吃，大家在法律之下有平等，永遠不打仗，便是天下大同了。中國人想法不這樣簡單，還要有更高的文化融和，還要天地人三位一體，那才能真到達大同太平的境界。此一世界即變成為一個神聖的世界，人類是神聖的，連草木鳥獸都變成神聖。我想聖人家裡養一狗，一定帶點神聖性。聖人家裡栽一花，也必帶點神聖性。我們全世界人類，都能到達一最高人格的話，那世界就自然會大同。這是最民主，最平等，最獨立，最自由的。各人各做他個人。天地只生了這人，卻不是生他作聖人，聖人要人自己做。自己做了聖人，天地會點頭，說你做得實合我心。這是我們中國人的最高信仰，同時亦是我們中國人的最後理想。這一套理想，不需要任何宗教，但亦不會拒絕任何宗教。佛教來了，釋迦牟尼來到中國，中國人也尊之為聖，一部分人並學習了佛教。耶教來了，耶穌來到中國，中國人一樣尊之為聖，一部分人並亦學習了耶穌教。你若講耶穌教的道理，會講不通佛教。講佛教的道理，會講不通耶穌教。若把中國人的一套加進去，就能大而化之，道並行而不相悖。諸位或說，我此一套講法不科學，但我想，將來的科學，也會融和到此一套講法中來。到那時，我們人類一切工作是合作了，和平了，距離大同太平的世界更近了。

八、中國文化中的中庸之道

大家都知中國人喜講中庸之道，一般人以為中庸之道是指平易近人，不標新立異，不驚世駭俗，調和折中，不走極端而言。然此等乃通俗義，非正確義。《中庸》上說：「執其兩端，用其中於民。」無論何事都有兩端，此兩端，可以推到極處各成為一極端。在此兩極端間之中間都叫做中，此一中可以有甚長之距離。所謂中，非折中之謂，乃指此兩極端之全過程而謂之中。如言真善美，是此一極端，不真、不善、不美是那一極端。但此真善美三分，只是西方人說法。照中國人講，此世界便是一真，不是偽，真偽不能對立。若論美醜，此世界是渾沌中立，既非極美，也非極醜。中國文化是人本位的，以人文主義為中心，看重了人的一面，則善惡對立不能不辨。但縱是一大聖人，亦不能說他已達到了百分之百的善。縱是一人惡人，亦不能說他是百分之百的惡。

人只在善惡兩極端之中道上，既不在此極端，亦不在彼極端。但必指出此兩極端，始能顯出此中道。始能在此中道上，理論有根據，行為有目標。故說執其兩端，用其中於民。若非執其兩端，則中道無可見。真實可用者乃此中道，非其兩端。此乃中國人所講中庸之道之正確意義。

中國文化既是人本位的，以人文主義為中心，而現實人生中則沒有至善，也沒有極惡。如從耶穌教言，上帝是百分之百的至善，但上帝不在我們這一世界上。世界上只生有一耶穌，但耶穌也只可有一，不得有二。上帝之對面是魔鬼，它是百分之百的極惡，但此魔鬼似亦不在我們這世界上。我們人類，雖說具有原始罪惡，但究竟沒有到極惡的地位，人究竟與魔鬼相異。從佛教言，無餘涅槃不是這世界所有，人則只在此俗界，在無休止的輪迴中。但此俗界究也不便是地獄。中國人講聖賢，但孔子大聖，也說十五志學，三十而立，四十而不惑，五十而知天命，六十而耳順，七十而從心所欲不踰矩。聖人之一生，也非百分之百盡在一至善地位上。但我們既說這個世界上有善，即不能說沒有一至善。有善便有惡，我們不能說這世界上沒有惡，便也不能說沒有一至惡。像耶教佛教，似乎都看重在兩極端上，我們則亦要把握著此兩極端，而主要運用則在此兩極端之中間過程上。此一中間過程，既非至善，又非至惡。甚至有些處善惡難辨。你認它是善，我認它是惡。此等處亦會常常遇到。所以佛教耶教所講，似乎偏在高明處，而中國人所講，則偏在中庸處。但抹去了其高明處，則中庸亦難見，故曰極高明而道中庸。

說到此處，可見中國人觀念有些與西方人印度人觀念不同。此等不同，亦可說是一種哲學上的不同，亦可說是一種常識上的不同。西方人常認為善惡是相反對立的，中國人則認為這一端是善，那一端是惡，此兩端可以相通而成一線，此兩端乃同在一線上。若沒有了此一線，亦何說有兩端。是則此兩端在實際上亦並非相反對立。在我們這現實世界裡面，在我們這一實在人生裡面，善惡只是一觀念。不能說這世界，這人生，一半是善，一半是惡。或說在中間，便不善也不惡。這世界，這人生，既非至善，亦非至惡。我們並不站在此兩極端上，而在此兩極端之中間。既如此，則這一中間，豈不成為黑漆漆地，既非至善，亦非極惡，既無上帝，亦無魔鬼，既不是天堂，也不是地獄，人們在此黑漆漆地一段長過程中又怎麼辨？當知此世界此人生，雖非至善，卻不能說其無善。雖非極惡，亦不能說其無惡。此善惡之辨雖不很明顯，但也不能說其混同無辨。所辨在甚微小處，甚暗昧處。人則正貴在此微小暗昧處來分辨善惡，自定趨嚮。

孟子說：「舜之居深山之中，與木石居，與鹿豕遊，其所以異於深山之野人者幾希。及其聞一善言，見一善行，若決江河，沛然莫之能禦。」舜之聞善言，見善行，其實亦只在深山野人中。不能說在深山野人之間便絕無善言善行，此等善言善行，當然非聖人之善言善行之比，但總不失其為是善。舜則一有感觸，反應明快，一切所見所聞的善，便會集中到他身上來，舜則在野人中成了一善人。孟子又說：「大舜有大焉，善與人同，捨己從人，樂取於人以為善。」可見舜之善都是從此世界人群中取來。人有善，我能舍己從之，與彼同有此善。此等善，皆在細微處，暗昧處，積而盛大光明，舜便成了大聖。《中庸》上亦說：「君子之道，行遠必自邇，登高必自卑，夫婦之愚不肖，可以與知能行。及其至，雖聖人亦有所不知不能。」當知此處說的君子之道，便是中庸之道。中庸之道可以由夫婦之愚不肖直達到大聖大賢。並非在中庸之道之中只包括愚不肖，不包括大聖賢。又當知愚不肖與大聖賢，亦即在此中庸之道之兩端，此兩端一貫相通，並非相反對立。

根據上述，再進一步申說，從愚不肖到大聖賢，此一中間過程，當然有很長的距離。今不論你站處近在那一端，若近在惡的一端，只要你心向善，只動一步或一念向善，則此一步一念便是善。如你原來站近善的一邊，但你一步一念向了惡的那一邊，此一步一念也即是惡。孟子說：「物之不齊，物之情也。」每一人的聰明智慧，家庭環境，生來就不同。或生長在聖賢家庭，他的環境教育當然是善的了。若他只動一念向相反方面，他那此一念也就是惡。或生在土匪家庭，他的環境教育當然是惡了，但他果動一善念，他那動念時也就是善。如周公是一大聖人，他的道德及其才能在政治上、軍事上、外交上、文學上種種表現，可算是一位多才多藝的完人。但孔子說：「周公之才之美，使驕且吝，其餘不足觀矣。」這是說，只要周公心裡一念或驕或吝，在當時，便可使其成為一不足觀之人。反過來說，如是一土匪，一十惡不赦之人，使他身罹刑網，或處死臨刑，只要他一念悔悟，心向善的一邊，那他當時，也就不失為是一善人。人在一剎那間都會有一念，在那一念上便可有善惡之分。因此人只有兩條路，一條是向上，一條是墮落。所謂「如逆水行舟，不進則退」。我們講善惡，應在此人生過程中，每剎那，每一秒鐘之每一動念上分。這才是我們中國人所講的中庸之道。

中庸之道要使愚不肖與知能行，亦將使大聖賢有所不知不能。縱是愚不肖，也該在自己一念之微上戒慎恐懼。縱使是大聖賢，也不能不在他一念之微上戒慎恐懼。劉備誡其子說：「勿以善小而不為，勿以惡小而為之。」《中庸》上說：「莫見乎隱，莫顯乎微，故君子慎其獨。」那隱微處，在別人無可代他用力處，在每一人之獨處，最是那中庸之道之存在流行處。中國人又說：「不為聖賢，便為禽獸。」諸位說這話是不是太嚴了。但依中庸之道講，這話一點也不嚴。人在自然界中本也是一禽獸，可是從人道言，人在每一剎那，每一秒鐘，每一念間，卻都可以向著聖賢一邊，或向著禽獸一邊。這話要我們慢慢體會。如此所說，也可謂禽獸在這一極端，聖賢在那一極端，人則在此兩端之中道上。你說我是禽獸，我可不承認。你叫我作聖賢，我也不敢當。但當知聖賢難做也易做，難易又是兩端。天下沒有極易的事，也沒有極難的事。你說它難，便有一個易。你說它易，又便有一個難。孔子說：「聖則吾不敢」，這固是大聖人之謙辭，但也見聖人難做。顏淵說：「既竭吾才，如有所立卓爾，雖欲從之，未由也已。」這也是講的聖人難做。但孟子說：

「人皆可以為堯舜」，「是不為，非不能」，此又是說聖人易做。宋代理學家中，朱子講聖人難做，陸象山卻講聖人易做。明代的王陽明走象山的路，也說聖人易做。王學講到後來，說到滿街都是聖人。有一位羅近溪，正在講堂講學，正講每人可以作聖，有一端茶童子進來，聽講人問，那童子是否也能做聖人？他說，他早就是聖人。為何呢？那童子的職務是端杯，他把茶小心謹慎地端來，沒有潑，沒有翻，端上講臺，目不邪視地走了，那已百分之百盡了他的職。縱使要孔子來端這茶，孔子也這麼端，不會比這童子端的更好，這已是止於至善，不能不說他已是一聖人。這也是講聖人易做。

人在社會上，職業有高下，卻非人的品格之高下。抬轎是低職，坐轎的人是高了，但不能大家都坐轎，沒人抬。我們只能說能盡職的是高，不能盡職的是低。端茶抬轎，能盡職，便是高。能盡到十分，那便是聖人。飲茶坐轎，不能盡職卻是低，反不能和端茶抬轎的相比。中國人講的中庸之道，要你端茶抬轎能盡職，豈不易嗎？但要你治國平天下能盡到十分職，那豈不難嗎？責任有難有易，難的責任不能盡，不如退而盡其易。孔子不能救春秋，孟子不能救戰國，退而講道，卻救了後世。後世群推孔子孟子為大聖賢，那端茶童子要他登臺講學，他不能，但他能盡了他端茶之職與道。就此一端上，羅近溪說他已是聖人，也非無理。諸葛孔明說：「淡泊可以明志，寧靜可以致遠。」那端茶童子卻能淡泊，能寧靜，定心做一端茶童子，不想奔競他所不能盡之職。

若使人人如此，那社會也就不同。

王陽明自幼即立志要做聖人，後來自說做不到，退而思其次，也就不再想做聖賢了。他得罪被貶龍場驛，還怕朝廷會派刺客來刺死他。那時他什麼都不怕，只怕一個死。他就做一口棺材，終日坐在裡面，想死有什麼可怕呢？他連死也不怕了。跟他去龍場驛的兩個老家人，不耐此蠻荒生活，病了，陽明先生只有反而幫他們烹茶煮飯，還要唱些浙江山歌家鄉調給他們聽，好讓他們心中得慰。閒著他自己背誦那些讀熟的書作消遣。晚上，他在睡夢中忽然驚躍而起，他想我今天在這裡這樣做法，倘使孔子復生，處我此境，他更有什麼好辦法呢？一下子心下有悟，那不是聖人我也能做嗎？不是我現在此刻也就如聖人一樣嗎？從此悟後，才提倡他的良知學說，發揮出一番聖人易做的理論。當知各人環境不同，責任不同，各人有各人自己應盡之道，能盡我道，那我也和聖人一般。縱使如端茶小道，那也是道。

如諸位駕駛飛機，飛機起落要有跑道，若說駕飛機翱翔天空是大道，降落在跑道上，那便是小道。你又不能把跑道設在你臥室門口，你從跑道走向你門口，從門口走向你臥室，那些更都是小道。大道小道又是兩端。你不能說只要有大道，不要有小道。大道也有行不通處，便該從小道上行。只此小道須附屬於大道，須能通上大道去便是。盡小道，人人可能。盡大道，聖人也有所不能。那又是中國人講的中庸之道。中庸之道，要把人人能行之這一端，直通到雖聖人有所不能之那一端，卻不該儘待在一端上通不去。所以中庸之道有極易處，同時有極難處。有極淺處，同時亦有極深處。有極微小處，同時亦有極廣大處。有極隱晦處，同時亦有極光明處。

現在再舉一例。如有一高僧，在深山禪院打坐，能坐到心不起念，一心常定，那不是很高的道行嗎？宋儒言主靜居敬，其實也只是此工夫。不過高僧只能把此工夫用在深山禪寺裡，宋儒理學家卻要用此工夫到社會人群治國平天下複雜的大場面裡去。即如上面所講，那端茶童子，他也能繫心一處，心不起念，能敬能靜，不然為何茶不潑出，人不滑倒。如今諸位爬上飛機，坐上駕駛臺，不也是心無旁騖嗎？其實諸位駕駛飛機時的心境，也就和高僧們在深山寺院裡打坐時的心境差不多。一樣是繫心一處，心不起念，一樣是敬是靜。又若拿了一枝槍上火線，那時則有進無退，一心在敵，只一己管著一己，連死生也不在顧慮中，更何其他雜念。這一段的生命，可說最嚴肅，最純一，完滿無缺。剎那間便到達了人生所要追求的最高境界。即是一心無他，止於至善的境界。佛教講成佛，是不易的，要成佛，先要做菩薩，做菩薩有十地，從一地菩薩做起，有十個不同階段，一生來不及，再待下世轉生，不曉得要再經歷幾代幾生，還未到達成佛階段。這道理是高了，但不是人人所能。中國人來講佛道，卻講成即身是佛，立地成佛，又從極難處通到極易處。這雖像是驚世駭俗之談，卻也是中國人所講的中庸之道。中國的高僧們，把佛教中庸化了。甚至不須出家，不須關在和尚寺裡儘打坐，禪宗祖師們便是講了這些話。如此推說，今天諸位上飛機空中去，即是一番大修養。下了飛機，若能懂得你在駕駛飛機時那一番心態，善保勿失，諸位實也可以成佛做聖人。若諸位不肯信，那則是道在邇而求諸遠，只有入深山禪院中去，始可成佛。只有枕經籍史、博古通今，始可作聖。既不是人人可能，亦即非中庸之道。

中國人講的中庸之道，要從人人所能，做到人人所不能處去。要從人人處處時時念念中去做，那才是用其中於民之中道。中國人講的中庸之道，要人人能做，當下能做。人人當下可得一滿足，然而仍要有一個不滿足，永遠不能滿足。不要說各人的一輩子，縱使再隔了三千年一萬年，依然不得有滿足。那一道則總還在前面，還要人不斷去做。不像進了天堂，接近了上帝，成了佛，進入了涅槃，便可一了百了，無所事事。但這不是中國人講道講得過高了，即如天地，也一般。好好的光天化日，忽然來了一陣颱風，我想上帝心裡也會感到抱歉，佛菩薩也會感到無奈何。《中庸》上又說：「雖天地之大，人猶有所憾。」惟其如此，所以此道無止境，永不能滿足，但又要人人當下即得一滿足。此一滿足，乃是我們行道之第一步。此一步，即已是人生的最高境界。人要能從此一步不息不已永遠向前，雖是人人能做，卻誰也不能一刻不做。雖是誰也懂得當下該如何做，但又誰也不曉得永遠無窮之將來又如何做得盡。在永遠無窮之將來以後，還有一永遠無窮之將來。則此永遠無窮之將來，也將如今日般，人人可以起步，但誰也不得停步。所以中庸之道是悠遠的，博厚的，高明的，人人能知能行，而又有聖人所不知不能者存在其間。此道之所以可久可大。則正在此。

我以上講的是善惡問題。若此下再轉到真偽、美醜問題上去，則又有不同。善惡辨在己，真偽美醜則辨在外。一是情感方面的事，一是理智方面的事。《中庸》上說：「盡己之性則能盡人之性，能盡人之性，則能盡物之性。」盡己性，盡人性，主要在情感，在善惡問題上。盡物性始是物理，是真偽問題，主要在理智上。自然科學縱極發展，但與善惡問題無關。科學增強了人使用物質方面的能力，可以為善，也可以為惡。可以為大善，亦可以為大惡。在現代科學未發展以前，人類中已出了孔子、釋迦、耶穌，但現代科學發展以後，未必更能多出幾個孔子、釋迦、耶穌來。若照《中庸》上「君子無入而不自得」的道理講，在沒有電燈以前和既有電燈以後，在人生之真實境界上，不該有大分別。我們能說在沒有現代科學以前，人過的都不是人生嗎？若如此講，再過三百年以後的人來看今天的我們，也將說我們不是過人的日子，也算不得人生。在我們能服嗎？今天人類快能上月球，但少數人上月球，對整個人類變動不大。以前哥倫布發現新大陸，這也是人類一大發現，但接著此一大發現而來的，也不見得是好。葡萄牙人、西班牙人、英國人、法國人，一批批到美洲去，印地安人滅種了，帝國主義殖民主義資本主義相繼發展，人事一切大變，但西方人做人的道理在此發現上並沒有大變。現代科學，究竟是研究物的問題，不是研究人的問題。所以對人的問題上，可以有大利，亦可以有大害，誰也說不定。而且科學縱使不斷發明，對此世界仍還保留著一個不可知。可知與不可知仍是兩極端，科學也還是在此可知與不可知之中間過程內。因此一切科學發明，仍該運用中國人講的中庸之道來好好處理才是。

再細分辨，真善美三分本是西方人說法，科學不能說是由偽向真，藝術不能說是由醜得美。換言之，科學真理本不與偽對立，藝術美化也不與醜對立。那只是從自然中演出人文，這可以把我提出的性道合一論來講，卻不是我此刻所講執兩用中，所謂中庸之道上所有的問題。在中國文化中，藝術一問題，我已在另一講中述及，此處不再詳論。西方哲學中有黑格爾講的辯證法，提出正反合的理論來。如說甲是正面，非甲便是反面，合起來是乙，又有非乙，合成丙，如此遞演而上。但此種辯證，似乎用人的語言文字來講是如此。若配合到實際世界實際人生上來，便有些不合適。如說白晝是正，黑夜是反，到明天，豈不還是此一正一反。黑格爾說的只是一種觀念，觀念之外有事實。觀念與事實，又可成兩端，其間仍該有一中道。所以說相反相成。一陰一陽是天道，陽包在陰之內，陰亦包在陽之內。若相反，實不相反。宋儒把此一陰一陽畫成了一個太極圖。就人生論，生是陽面，死是陰面，死生合成了人生之整體。生之內便有死，死之內也有生。有了死，並不曾剋滅了生。有了生，也不曾剋滅了死。由中國人講來，一陰一陽，一生一死，只是循環不已，老跟著此一環在繞圈。重要卻在此環之內，亦即環之中。莊子說：「超乎象外，得其環中。」陰陽死生都是表現在外面的象，人能超出此外面的象，深入觀其實際，才能進入此實際的環之中，而確然有所得。若要辨是非，那麼死了的是你，活著的便不是你。活著的是你，死了的又不是你。同樣說昨天的是你，今天的便不是你。今天的是你，昨天的又不是你。依此理論，正反兩面可以互相取消，但亦可以互相完成。中國道家思想偏向取消一面，儒家最是切近人生，從完成一面來發揮。道家把一切相反對立取消了，合成一天。儒家則又把人與天對立起來，而執兩用中，乃有所謂中庸之道。那裡便有天道人道之別。如善惡相反對立，是在人道上如此，若把黑格爾辯證法來講，顯見講不通。試問善惡正反相合，又合成個什麼。在中國道家講來，那便是天，在天道中卻無是非善惡可言了。

所以中國人的中庸之道，從此方面來講，正是一套哲學，亦是一套思維方法。是在人本位人文主義的文化大體系中一套重要的哲學和其思維術。現在很多人分別東西文化，說東方文化是靜的，西方文化是動的。東方文化是向內的，西方文化是向外的。東方文化講心，西方文化講物。如此種種說法，亦正是一正一反。但中國人觀念，主張心與物相通，動與靜相通，內與外相通。相通可以合一，合一仍可兩分。既不能有了心沒有物，又不能有了物沒有心。心與物看來相反，實際是相成的。動與靜亦然，不能有動無靜，也不能有靜無動。內外亦一例，那有有內無外，有外無內之理。中國人講的中庸之道，正要從此相反之兩面講入到一中道上去。你要講任何一事一物，最好先找出它相反之兩面，然後再從此相反兩面中來求其中，那中處便有道。所以孔子說：

「吾有知乎哉，無知也。有鄙夫問於我，空空如也，我叩其兩端而竭焉。」他若和你講心，你便和他講物。他若和你講動，你便和他講靜。不是要把這一邊來反對那一邊，取消那一邊，是要把握到兩端，便可獲得中道。所以孔子又說：「攻乎異端，斯害也已。」今若我們把中國文化認為是唯心的，來反對西方文化是唯物的，把中國文化認為是主靜的，來反對西方文化是主動的，那便是孔子所說的攻乎異端，便要害事。當然根據西方來攻擊中國，說中國文化是唯心的，主靜的，要不得，那亦同樣是攻乎異端，同樣要害事。就中國文化之本質與其特性講，究竟是中和的，絕不是偏陷的。中庸之道便可代表中國文化。

現在再講新舊，這亦是一個觀念上的兩端對立。在實際世界事物中，既無一個十足完全的新，也無一個十足完全的舊。近百年來，中國人講到文化問題，總愛把新舊來作論點。「周雖舊邦，其命維新。」若是從舊的中間再開出新的，在新的中間來保持舊的，那也可以。若說我們究是要新還是要舊，那會永遠得不到結論。文化不是唯物的，像一所老屋，可以拆舊建新。文化則有其內在之生命，如一棵大樹，連根斬了，栽下新種子，那大樹的生命已毀滅了。而且文化種子是民族，我們不能不要此文化而連帶不要此民族。中西文化不同，最後還是在中西民族不同上生根。我們縱要新，也得從舊的上生根，來發展出新的。果能保存並發展吾民族生命，則可中可西，可新可舊。在物質與精神，在動與靜，在內與外，在時人所認為的中西文化不同之兩極，儘可執兩用中，不必定要偏走一端。若謂中國文化重在講人文，西方文化重在講自然，則人文只在自然中產生，人文亦不能脫離自然而獨立，人文仍是一自然。天地生下人，赤裸裸的，那叫自然。穿上了衣服，那是自然還是人文呢？又建築了房屋，這又是自然還是人文呢？中國人愛講天人合一，所謂自然與人文，也仍該是相通合一。在人的身上便有了天，在文化中便包有了自然。而此人與文化則從天和自然中演生。在此等觀念與意識之下，我認為中國文化裡儘可以滲進西方文化來，使中國文化更充實更光輝。並不如一般人想法，保守了中國固有之舊，即不能吸收西方現代之新。似乎大家總愛把一切事物作相反對立看，不肯把此等相反對立來作互通合一看。所以我們中國所講執兩用中的中庸之道，此刻實該大大地再闡明。這和我們當前所該採用的一切想法和做法實有很大的關係。

諸位又如說，今天我們該積極提倡民主精神，不要再如以往般只講私人道德。今且不講治國，先講齊家。如果說，父親出去喝酒，母親在家打牌，哥哥邀朋喚友去看電影，妹妹約男朋友去參加跳舞會，試問你那時怎麼辦？你若有理想有希望，豈不仍只有從自己一人先做起，也只有這一條路才能做得好。所謂民主，也只有從每一人自己做起。要講世界大同，也只有從每一人自己做起。群與己又是對立的兩端，公和私又是對立的兩端。群中不能無每一己，公之中不能無每一份的私。若必要對立起來，便成為社會主義和個人主義之大對立，自由主義與統制集權主義之大對立，西方歷史和思想界為此對立纏苦了。但中國的中庸之道，則執兩用中，承認有此對立，而把此對立調和融通，使每一人當下有了一條路。

中國人惟其有此中庸之道，亦可使各不同的宗教信仰也一樣調和融通起來。佛教、回教、耶穌教來到中國，不僅和中國傳統文化無衝突，在此諸大宗教之相互間都能和平共存，沒有大衝突。你看中國社會上，這裡一個天主堂，那裡一個和尚廟，母親信佛教，兒子信耶穌。這不是信仰不真，卻是受了中國人相傳那一套中庸之道之影響，大家可以說得通，不爭執。

此刻我們又說，我們該講科學呢，還是仍應提倡固有道德？這又是一對立，而實則非對立。諸位只要善為運用中庸之道的思維方法，則一切相異都可安放進來，不見有衝突。若再把中庸之道的實行方法一切從我個人先做起，自可當下滿足，而又永無止境。如此一步步向前，這就是大道。但就此大道而論，你一步也離不開，亦沒有所謂進。此刻我們人類要上月球，但上了月球，還如未上月球前，大道依然還是有一條人生在前面。換一句話說，縱使我們上了天堂，也還如沒有上天堂，那條大道也還依然在前。如是則剎那與永恆雖是兩端對立，也還是相通合一。這一理論，像是何等的高明，其實也還是中庸之道。

只因我們誤解了此中庸之道，好像中國人講的中庸之道不痛不癢，不黑不白。一人說這對，一人說那對，不要緊，大家都對。這就成了滑頭主義，走上了鄉愿的路，所以孔子、孟子要講此中道，卻最討厭鄉愿。

我想再重覆一下。諸位今天最大的責任就是在復興中華文化這一件大事上。復興中華文化是我們中國人每一人的責任，每一人站在自己的工作崗位上善盡職責，相互配合起來就成。即就空軍言，平時如戰時，後方也如前方，無論空勤與地勤，既要人與人配合，又要人與機器配合，處處都是兩端對立合成一體，而運用此一體者則在每一人之身上與心上。如此則諸位今天早已在此中庸大道上行，只是行矣而不著，習焉而不察。《中庸》上所謂「人莫不飲食，鮮能知味。」中國人講的中庸之道，真是如吃飯喝水般，易知易能，但又是其味無窮，又很難知得其味的，這就是所謂中庸之道，由諸位自己去體味吧。

九、反攻復國前途的展望

反攻復國不僅是海內外幾千萬同胞所熱烈嚮往，就是大陸全體同胞也一樣希望我們早日反攻勝利。而這反攻復國的重大責任，首先就落在我們反攻基地全體軍民的肩膀上。我對當前的政治、軍事、外交，乃至大陸的情況，知道得太不夠，不能從多方面來討論這問題。今天我只是站在一個書生立場，就自己所知一點歷史知識來談談。

我們得首先看一看我們國家民族的前途。倘使我們國家民族有前途，我們就可向此前途努力。若我們國家民族沒有前途，我們就無法努力，一切努力都成白費，變為一種無意義無價值的努力。所以開始討論這問題，就該先看我們的前途，然後始有努力的方向以及努力的意義與價值。首先我們對前途要有信心，有了信心，才能產生力量。我們看古今中外歷史，許多民族，許多國家，他們的命運碰到了挫折，便倒下去，爬不起來，就是它沒有前途了。為什麼呢？我們可以說，就是他們對自己這個民族國家的前途沒有信心了。沒有信心，就沒有力量。沒有力量就沒有前途。像古代埃及、希臘、羅馬，都是文明古國，有其燦爛光明的歷史。但是遇到了挫折，光輝黯淡了，命運中斷了，再沒有它的前途。我們可以說，最大病根在他們對自己民族和國家前途已失掉了信心。遠者不論，像近代蒙古人建立了一個大帝國，其版圖之大，地域之廣，史無前例。到如今，西方像俄羅斯人，談到蒙古人，還有他們祖先遺傳下來的恐怖心理留存著。但現在的蒙古人，已經融合為中華民族的一部分，他們已不再有重新建立往時般大帝國的想望和信心了。更近如大英帝國，有「日不落國」之稱，可是經過兩次世界大戰，大英帝國沒落了，只存一個聯合王國的軀殼。再隔若干年，聯合王國也要肢解。到今天，英國人再沒有恢復往昔大英帝國的美夢，換言之，他們已沒有以往那般的信心了。像蒙古帝國，像大英帝國，都建立在一個不合理的基礎上，所以倒了下去不可能再爬起來。其他有些國家，經過兩次世界大戰，他們對自己國家民族的前途，也沒有像以往那般的信心了。我們卻不免要問一句，今天像美國，像蘇維埃，再過五十年或一百年，或兩百年，他們對自己國家民族是否能常保持像今天般的信心，不再喪失呢？我們雖不敢遽作定論，但我們可以說，只要這一個民族和國家，把它們的前途建立在一個不合理的基礎之上，受到挫折，便會失掉信心，而前途也就闇沒了。所以要保留信心，還在自己的文化傳統上，不在當前的遭遇形勢上。

我們看古今中外各民族各國家，對於他們自己民族國家的信心，最堅強，最牢固，消失不了的，只有我們中華民族。五千年到今天，雖則我們也曾經過很多艱難困苦，甚而倒了下去，但到底還會站起來。衰弱了下去，又會再興盛。為什麼？簡單一句話，我們有信心。歷史經驗愈長久，我們的信心就愈高，愈堅固。最近這一百年，西方帝國主義到東方來，從鴉片戰爭起，連續不斷的許多喪權辱國的戰爭，我們的民族和國家又像要倒下去了。民國以來，我們的艱難困苦依然存在，而且不斷加深。但我們對國家對民族前途的信心則並無動搖。這從那裡看出呢？我想舉一個簡單的例。我們中國人到南洋去，已經幾百年，時至今日，他們的處境真是萬分艱難。在印尼，在新加坡，在馬來西亞，在泰國、越南、緬甸，華僑到處被壓迫，被排斥，目前他們大多數已改了國籍，但在他們心裡，總覺得他還是一個中國人。改變國籍，改變不了他們的內心。或許在南洋各地的民族比較上文化不如我們，但我們一看美國檀香山、舊金山、紐約等各地的唐人街，我們華僑還是堅持要做一個中國人。這種心理世代相傳，沒有忘懷。五四運動以來，一般知識分子覺得中國人樣樣不如外國人，有的要我們全盤西化，將中國字拉丁化，要打倒孔家店，不要中國傳統，但這只是少數。像夏威夷、舊金山、紐約，許多中國人開飯館，開洗衣店，生活艱苦，他們還是守舊，還是要做中國人。深一層言之，這就是他們對民族還有一個自信。他們心中還有一個民族前途。

中國有兩位著名學者在舊金山公開演說，向我們華僑講，為了你們的幸福和前途，為什麼不入美國籍？入了美國籍，好叫子孫有條出路。你們既在美國，縱不入美國籍，也該叫你們的子女好好學英文，還要什麼華文學校，化費青年兒童十分之三乃至十分之四的精力來學中國文字，學得半通不通，使他們的英文也不能徹頭徹尾學好。你們要有理智，不該再開華文學校，最好教你們子女能學好外國文。一般華僑聽了這些話，很不高興。因為這些華僑，他們知道自己是中國人，對自己的國家民族前途有信心。為什麼有這樣的信心？我們可以說，這就可以證明中國傳統文化之偉大和堅強，不然不會使大批人有這樣一個信心。英國人跑到美國，就成美國人。德國、法國人跑到美國，也就成了美國人。只有中國人仍然是中國人。艱難困苦離開了中國，到海外去謀生，忍受種種壓迫欺侮，而他仍覺得我是中國人，希望我的兒子也還是中國人，希望世代傳下還是中國人，所以要學說中國話，學用中國文字，保持中國的一套。任何人不能因此而怪我們的華僑頑固守舊。若是不頑固，不守舊，我們還能有一個五千年綿延的民族嗎？還能有一個五千年長存的國家嗎？還能有一個血統相傳下來的七億人口嗎？我們的僑胞不僅在夏威夷、舊金山、紐約等地如此，開洗衣店，開菜館，父傳子，子傳孫，還在那裡奮鬥，堅定要做一個中國人。到歐洲也是一樣。在巴黎，在倫敦，零零散散的中國人，你問他住了多少年，有的說住了一百年，或者一百年以上。他是跟他父親，或是他祖父去的。不像在美國，在南洋，有一個華僑大團體，但也保存著中國人的習慣，中國人的文化，不以做一個中國人為恥。我可以告訴諸位，只有中國文化，最堅強，最持久，最能在艱難困苦的環境中殺開一條出路，中國文化的偉大價值便在此。若非有一合理的基礎，何以能有此現象。所以我說，只要我們對民族國家有信心，自會有出路，有前途，自會有一個努力的方向。這是我先從大處遠處來講是如此。

現在談到第二點，我所要談的本題，就是我們反攻復國的展望。當然，我們今天的前途，不是專指少數事態的發展而言。我們的前途，是指當前國家民族整個前途，連大陸，連此地，連海外都在內。我們的前途，同在大陸上共黨的成敗是密切相關的，我們要有前途，就必先消滅共黨。大陸初變色，我流亡到香港，聽到很多人稱道共匪，看重毛澤東，認為他有辦法。我說毛共愈有辦法，其滅亡將會愈快。中國相傳有南轅北轍的故事，有一人駕了車要到北京去，可是他往南邊跑，別人說你這樣跑，跑不到，他說我馬好，車又好，怎會跑不到？那人說，你的馬愈好，車子愈好，你離開你要到的地方將會愈遠愈跑不到。所以我們大陸的共產黨，愈有辦法，就是愈無辦法。什麼道理呢？因其同我們國家民族歷史文化傳統背道而馳，所以愈能走，愈不行。到現在，我們不用再講毛澤東非倒不可這一層。我在香港，常聽到很多人討論，毛澤東倒下來以後的中國怎麼樣？是劉少奇上臺呢？還是周恩來上臺？還是軍閥割據？還是其他什麼情形？我說這些只是眼前事變，誰也不知道，沒有十分把握去推想。但有一個結論卻可預言，即中共偽政權定在最近將來會被人民所埋葬。讓我們回過來想一想，毛澤東為什麼要倒？毛澤東自己要倒嗎？一個人站在那裡不會自己倒。是美國人力量要倒毛澤東嗎？我說不是。是蘇維埃力量要倒毛澤東嗎？我說也不是。除掉美國蘇維埃，世界還有其他國家要用力量來倒毛澤東嗎？我說都不是。毛澤東之倒，不是倒在國外的力量，國外沒有力量要他倒。那麼諸位說不是劉少奇，鄧小平，所謂他們的當權派要他倒嗎？我說劉少奇、鄧小平的力量也不能倒毛澤東。那麼還是共匪的黨政軍幹部，或是在大陸共黨統制下的軍隊，會聯合起來要他倒呢？我說都不是。目前劉少奇、鄧小平被關在北平中南海，共黨的中上級幹部大部分已經被鬥倒，軍隊也不見有決心來倒毛澤東。那麼我們為什麼說毛澤東一定要倒呢？我認為這是在中國社會上的共產主義動搖了，共產主義動搖了，共產政權也跟著動搖，而後毛澤東的地位也跟著動搖。因為中國社會上的共產主義要崩潰了，所以共產政權連帶要崩潰，而毛澤東的地位才崩潰。目前的現象，所謂劉少奇、鄧小平走了修正主義的路線，各地軍隊形成割據，乃至於工農階級普遍反毛，一切的一切，一言以蔽之，是在中國的共產主義動搖了。共產主義動搖，乃是一個原因，毛澤東倒臺，是一個現象，是一個結果。從這些現象上，可以證明共產主義之破產。等於一個人患了肺病吐血，吐血只是肺病的徵象。病在肺，不在所吐的那口血。那口血，只是病的現象發出來了。今天的毛澤東倒臺，只如病人吐了一口血。我這樣講法，是不是比較合於現實呢？劉少奇、鄧小平要倒毛澤東，軍隊要倒毛澤東，黨幹部要倒毛澤東，全國工農大眾要倒毛澤東，這都是共產政權動搖和崩潰的現象。我們再進一步講，共產政權統治中國已經十八年，有什麼東西去搖動它？毛澤東運用紅衛兵來搞文化大革命，正為共產主義政權之動搖，其根本原因在於中國社會上一股傳統文化之潛在力起了作用。像鄧拓，像吳晗諸人，他們都是重要的共產黨員，但他們都根據著中國傳統文化的意識來反對毛澤東。或許在他們是不自覺的，然正可證明傳統文化之潛在力量埋藏在中國社會人人心中一種深厚的程度。

大陸同胞今天全都對共產黨和共產主義失掉信心，也並不是他們要來提倡中國文化，他們亦只是不自覺的，由中國傳統文化一股潛在力量自然影響了他們的思想和行為。現在我們再重複說一遍，由於共產思想動搖，而影響到共產政權之動搖。由於共產政權動搖，而影響到毛澤東地位的動搖。這樣一個過程，我們在這裡有人看不清楚，在大陸的人也沒有看清楚，但此過程之必然表現，則為毛澤東先倒。毛澤東倒了，接著是共產政權倒。共產政權倒了，接著是共產主義在中國社會消失了。應該是這樣看法，才能尋究共產政權毀滅的病根所在。從病根反映出病象，從病象認識了病根。一個患肺病的人的病象是咳嗽，而病根在肺。毛澤東之倒，最多不過是咳嗽兩聲而已，不能說咳了兩聲嗽，病便好了。共產主義不能在中國存在，正因為中國有一傳統文化力量在作共產主義的剋星。我們此刻不必多舉例，最淺顯的，共產主義講唯物史觀，中國人一向講天人合一。物有兩種，一類是自然物，一類是人造物。人由天生，即是大自然中一份子，而大自然又可由人類來作主宰。西方人反對馬克斯，因為馬克斯不信宗教，不講上帝。中國人講天，是將自然與人合在一起，天表現在人身上，人的表現即是天的表現之一部分，這個理論同唯物史觀的理論正相衝突。我們說，歷史決定在人，不是決定在物。人怎能決定歷史？因人可以合天，合此大自然之理。蒙古帝國由人以武力創造，但不合此大自然之理。大英帝國也是由人以武力創造，但也不合此大自然之理。所以終要衰落。中國文化主要在講人道，講天理，正同共產主義水火不相容。只要中國文化存在一天，共產主義終非消滅不可。中國在美華僑面對著現代物質文明最進步的美國，還是這樣頑固守舊，已如上述，更何況其對毛澤東的三面紅旗。其實毛澤東也懂這個道理，而且身受到這種壓力，所以這一次要來一個文化大革命，要除四舊，他惟恐中國固有文化之存在。

現在我們的反攻時機已經迫在眉睫，而最先最大的責任則落在三軍身上，三軍是反攻大陸的先鋒。但戰爭的勝負卻不能全恃武力，武力只是政治的後盾，是致勝因素的一部分。如今天美國人在越南的戰爭，有強大的海、陸、空軍，以這樣一個全世界科學文明最進步的國家，來對付一個物質條件最落後的北越，等於以石擊卵，一打就破了。可是打了幾年，兵力逐年增加，到今天，美國人還沒有絕對勝利的把握，可見戰爭在武力外還有其他因素。即如美國空軍對北越實施大轟炸，我們要知道，它一顆炸彈落下，胡志明馬上就告訴北越人說，這是美國帝國主義來侵略。我們不要單看這一炸彈有多少噸重，放下去有多少殺傷力，但胡志明這一句話，美國帝國主義來侵略，就可把炸彈的威力打折扣，甚至把來消滅，更甚而發生一個相反的作用。毛澤東也懂這一套，毛澤東從頭到尾就怕我們反攻，他定要把我們同美國帝國主義聯合起來講。我們空軍到大陸，丟下炸彈，毛澤東說美國帝國主義來了，可是他這句話不能發生作用，因為今天大陸人心乃至共黨中大多數，他們都了解，我們一架飛機飛回大陸，一顆炸彈丟下，這是表示了一個最有意義的信號，這信號是說我們要回來了。大陸民眾知道這個信號，絕不會聽信毛澤東說是美國帝國主義來侵略了。我們和大陸同胞同是中國人，我們是一個傳統的中國人，代表著中國傳統文化的中國人。我們回大陸，也就是我們中國傳統文化同大陸，這事最能深入大陸同胞心中，成為我們總統號召要復興中國傳統文化最大力量，遠勝於一顆炸彈之物質力量。今天此一號召，不僅以此時此地為限，在此時此地只是一個開始，我們要復興中國傳統文化，要以大陸全民族為著眼。近來中東戰事，以色列空軍建立了人家沒有想到的功績，但以色列空軍之炸埃及，絕不能同我們的空軍回去炸大陸相提並論。這其間有完全不同之處。以色列空軍炸埃及，固能得到軍事勝利，而我們的飛機回去炸大陸，實有更大的意義，必然更能獲得輝煌戰果。毛澤東沒有辦法抵擋，只能欺騙大陸民眾說美國帝國主義來肆侵略了。大陸再不信此謊言，則毛澤東也就更無別法抵擋我們。

講到這裡，也許要問我們明天就回去不好嗎？這也並不是一件輕而易舉的事。在戰國時，有人問孟子，天下烏乎定，孟子說「定於一」。那人又問孰能一之，孟子說「不嗜殺人者能一之」。可是秦始皇最愛殺人，終在他手裡統一了。其實孟子的話並不是說錯了，秦始皇雖統一了中國，並未能使中國安定，秦始皇死了不到二十年，中國又亂了。劉邦與項羽爭天下，大家都說劉邦不喜歡殺人，因而他定了天下，孟子那句話終還是驗了。可見歷史還是決定在人道與天理，不決定在物質與強力。

今天，我們自由中國的軍民在偉大的領袖領導下，正邁向勝利成功的大道，我們不僅有解救大陸同胞的責任，更負有將中華文化發揚光大的責任，願我三軍將士奮勇精進，為此神聖的任務而戰鬥。

十、中國文化中的武功與武德

本人今天講題是「中國文化中的武功與武德」。從去年起，總統提倡文化復興運動，到現在已整整一年，這是中華民國創國以來五十六年最大的一件事。本人今天所講，以書生來談軍事，知識淺陋，只是借此機會，來就教於諸位。

先講文化是什麼？文化只是人生，是人生的一個綜合體，與言個人的人生不同。人類生活同中有異，因此人類文化可有種種各別之體相。近代人言文化，每多注重其體相之外面，但更要在能深入到裡面去，求其意義與價值。從空間說，文化貴能擴大，從時間說，文化貴能悠久。中華文化所擁社會最廣大，所占歷史最悠久，因此中華文化，其所涵之意義與價值亦必最高貴，最值得研求。

中國古人講文化，主要在講一個道字，道即人生應走的路。文化不同，即道不同。社會擴大，因其道之可大。歷史悠久，因其道之可久。中國人講道字，不僅講了文化之外表，並已講到文化裡面深處，即其意義與價值之所在。若只從外表講文化，最多是講了文化形態，生活式樣。譬如穿衣、飲食、住屋、走路等等，可有各種不同的式樣，此各種不同的式樣，即見文化之不同。但文化固是同中有異，尤貴能懂得其異中有同。各民族文化之所以相異處，在其背後各有一道。

中國人講道，不僅是講人生所走的路，更要講人生應走的路。所以中國人講道，有大道小道之分。大道人人可行，時時可行，處處可通，而後謂之大道。若只是少數人短時期可行，走到遠處大處便不通，這是小道。也並不是不能有小道，只該從大道分出若干小道，由各條小道仍可匯合互通，這就成了大道。所以道有通塞，有大小。因其大，故能通。因其通，所以大。中國文化之偉大，因其能注意尋求人生大道而來。

今試問人生每一條道，該從何處出發，該通到那裡，到何處歸宿？中國人在此問題上有一主要答案，中國人認為人生一切道，都應由其內在之德性發出，也應都通到人生之內在德性為歸宿。《中庸》上說：「天命之謂性，率性之謂道。」中國文化之最重要中心觀念即是「性道合一」。性由天來，道由性起。中國人講天，也可說是一自然，也可說是自然中一種最高真理。中國人主張天人合一，即是性道合一。性稟自天而蘊於內，道行於人而形之外。天人合一、性道合一，也即是內外合一、心物合一。天人相通，內外相通，此始是大道，亦可稱為達道。道行而成，形於外，回到人心，則謂之德。德是行道而有得於己之謂，故可合稱道德。天賦稱性，由性發為行，由行而有得於己謂之德。故可合稱德性。此一德字，即是性道合一。此是行為與德性合一，亦即自然與人文合一。總之，中國人講道，要其無往不合，處處可通，此乃中國文化一套大理想，一番大結構。因此在中國文化中所陶冶而出之人才，則人曰通人，才曰通才。亦非不要專家與專才，主要仍在此各別的專門仍能相通而合一。

姑舉文武一端為例。中國人常把文武連在一起講。中國的文化觀念是要相輔相成，兩個東西混合起來達成於一。中國人說智、仁、勇是三達德，講文化需此三達德，講武德也需此三達德。一個文化之能期其悠久博大，也該歸功於武功。武功則必本於武德，武德是武功的基礎。

天道有生殺，人道有文武。中國人理想，要能文能武，文武兼盡。偏向一邊，這只是小道。文武兼盡，才算是大道。中國歷史上如周文王、周武王、漢文帝、漢武帝，都是美諡，文武並無軒輊。所謂允文允武，文治武功必兼修並重，這就是中國一套傳統的哲理。

「天地之大德曰生」，但春夏生長，秋冬殺伐，同是天。殺伐即所以完成其生長。人有死生，惟其有死，乃可有繼起之生。個人生命很短暫，最多不過八十、一百年便完了。舊生命死亡，新生命茁長。一個人死了，有千千萬萬後起的生命還是繼續存在。大家說，中國文化是講和平的，但和平中兼涵有武力。中華民族之悠久存在，主要在和平，而亦表現有武功。

論到中國的國防線，全世界沒有一個國家有這麼長。單言北方，從東北到西北，由遼東半島起，直通到甘肅、寧夏。北邊是一個大高原，氣候寒冷，生產瘠薄。南邊是一片大平原，氣候溫和，物產豐盈。兩邊接界如此遼闊，兩邊對比又如此懸殊。所以在中國歷史上，防禦北邊強敵是一件十分困難的事。西南方的邊防，更複雜不簡單。即如漢代之匈奴，唐代之突厥，以下之遼、金、蒙古等異族侵擾，不賴優越之武功，何以能保全內部社會之繁榮與建設。蒙古人的武力震鑠一世，他們打不進中國來，便掉頭指向西方求發展，從西方得到了勝利，再回頭來轉向中國。直從成吉思汗到元始祖，三反四覆不斷南侵，最後才把中國吞併了。當時的中國，本已孱弱，又兼內政不修，文治影響了武力，但尚然如此堅韌難折。即此一段歷史，便可說明中華文化是強有力的，雖一時失敗，也已充分發揮了中國的武功。

中國歷史上的大人物也多是文武兼通的。如周公，不僅是一軍事家，同時亦是大政治家、大文學家。後來人注意了他這一面，卻忽略了他那一面。再看孔子，他亦看重武備，嫻熟軍事理論。他的學生如子路、冉有、有若，都能打仗。墨子擅武事，這是大家都知道的。《荀子》有〈議兵〉篇。《孫子兵法》，尤為近代西方軍事學家所推重。

《左傳》上記載當時許多貴族，都是文武兼通。大小戰爭，除應有的兵謀戰略之外，既尚禮，又崇道，雍容文雅。極嚴肅，也極輕鬆。極規律，也極幽默。多能於武功中顯文德。《左傳》不失為世界上第一部講戰爭最有人生趣味，又是最有文化意義的書。孔門後起如吳起，也是一位大軍事家，又通政治。樂毅亦能外交，能兵事，而且帶有極濃重的文人氣息。漢唐以來，文人能武，武人重文的，不勝縷舉。有些人，很難說定他是武通文，抑是文通武。要之，中國軍人，理想上必求其智仁勇三達德兼備，本之武德，而見之武功的。

中國古人，對於許多軍事學上的見解亦極高明，尤注重的在衡評將才，主要看其能統率幾多人。能將兵愈多，則其將才愈高。惟大將之才始可統領大兵團。春秋時，有人說楚子玉將兵過三百乘，便不能全軍而歸。韓信對漢高祖自稱將兵多多益善，又能驅市人而戰，那真是大將之才。因軍隊要節制，講節制要明分數，使將非其才，帶了大兵團，反易敗績。中國軍事史上，不少以寡擊眾的戰例，其實只是將才高下，不關兵數多寡。東晉時，苻堅率領大軍南下，前線已過淮水，後隊尚未出長安。東晉軍隊，則人數極少。照理苻堅該能穩操勝算。苻堅也是知兵的，他登上一山頭眺望，就告訴他的幕僚們，你們如何說東晉軍隊不行，看來不是可欺呀！後來苻堅果敗了。因苻堅帶的是雜牌兵，烏合之眾，人儘多，也易敗。東晉北府兵是經過嚴格訓練的。項羽最能打仗，漢高祖卻似乎不諳軍事，但漢高祖手下用了三個人，一個是韓信，一個是蕭何，一個是張良。

韓信是大將，可以統率大軍獨當一面，當時黃河以北全交他指揮。張良是一個文弱書生，但他運籌帷幄，決勝千里，是一參謀人才。蕭何在後方，負責後勤補給，壯丁糧秣有損缺時，全由他負責安排運送。別人都不懂得漢高祖何以能打敗了項羽，卻由漢高祖自己說出這番道理來，這是深合軍學原理的。可見漢高祖能在軍事上作通盤籌劃，韓信也說他有將將之才。

參謀制度在西方，是近代始有的。但在中國，很早就知道軍隊中參謀之重要。參謀在中國，舊稱軍師，或稱謀士。如戰國時孫臏，楚漢之際的張良，三國時的諸葛孔明。同時如曹操，他是一位文學家政治家，同時是一位最高級的兵事指揮官。他之最不可及處，在能用良好的參謀。曹操幕下足智多謀之士極眾。又如唐代的李泌，也是第一流的參謀人才。

中國歷史上參謀人才劃策定計之最高表現，便如近代西方軍事學上所新興的地緣政治的理論一樣。因中國是個大國，軍事勝敗，往往不由某一戰場來決定。如春秋時代爭霸業，戰國策士言縱橫，這些都是講究地緣政治之先聲。楚漢對陣，漢軍韓信一支在左翼，黥布一支在右翼，彭越一支直搗楚背，而項羽只知道在滎陽成皋一線上與漢爭進退，宜其失敗。此後如東漢初，如三國，如唐、宋、明三朝開國，皆是群雄並起，孰應先擊，孰應後定，深謀遠慮，都要先爭勝於廟堂之上，都須參謀人才來策劃。

以上略舉一些例來說明中華民族在軍事天才方面之卓越。以下要講一些中國文化中所揭舉的關於兵事學上之最高原理。

中國軍人的精神修養，基本著重在智仁勇三達德，上面已說過。這三達德中，又以「仁」為主。中國文化主要精神都發源在一個仁字上。孟子謂：「君子以仁存心，以禮存心，仁者愛人，有禮者敬人。」禮是仁的表現，仁是禮的本原。但戰爭本是要殺人的，好像是一種殘忍的行為，我中華民族雖尚武，而不流於殘忍，所以能綿延歷久，屢挫不衰。中國軍事要講順天應人，替天行道。所謂止戈為武，仁者無敵，戰爭乃為一種弔民伐罪，以殺止殺的行為。故軍隊則稱為仁義之師。孟子也說：「不嗜殺人者，能一天下。」不嗜殺人，不是不殺人。但殺人總不是好事，因此非存心至仁，則不宜來擔任此殺人的大任。既要殺人，自己也該不怕死，所以說：「有斷頭將軍，無降將軍。」視死如歸，也是武德。那有所謂光榮的投降。當知兩軍交鋒，固是要爭勝敗，更要是爭是非。是的向非的投降，實無光榮可言。一個人有生必有死，活要有意義的活，死也得有價值的死。成功要有價值，失敗也應有價值。中國人強調精神不死，軀體雖不保，但其人格氣節仍然存在。戰爭並不是鼓勵殺人，更不是鼓勵自殺。心中只有一個道，一個仁義之道，一個忠勇之道。死生一觀，並不在這些上來計較。

中國軍人既尚仁，又講禮，吉、凶、軍、賓、嘉五禮，軍禮占其一。可見中國文化中之中國軍人，正也代表著文化傳統主要精神之所在。

孔子在《論語》裡，提出了一段軍人修養最高精神的話，說：「子之所慎，齋、戰、疾。」齋是祭前齋戒，所祭是鬼神。鬼神有無，直到今天還無定論。孔子在祭前齋時，既不確認有鬼神，也不確認無鬼神，只是此心戒慎，不懈怠，不做作。祭只是祭，齋只是齋。疾病之來，也不知將成大病，抑係小疾。但不要害怕，也不要疏忽，只一心戒慎在疾上。遇戰事，也如對鬼神，對疾病般，固不知當前敵人是強是弱，只莫放鬆、莫緊張，不當它是強敵，亦不當它是弱敵。不可說沒事，也不說是有事，臨陣只一心在臨陣上。慎是不怕也不忽，不把事來看大，也不把事來看小。當知臨祭、臨戰、臨疾，皆是人鬼關頭，死生之際，在可知不可知之間。孔子舉一慎字教人，這是精神上最高修養恰到好處之明訓。我們若懂得孔子這番教訓，自然不會有好戰的心，也不會有畏戰的心。大敵在前，亦當如對鬼神般，不認其真有，亦不認其沒有。兵凶戰危，如疾病般，不認為不重要，也不太認為重要。諸葛孔明說，先帝知臣一生謹慎，故臨終付臣以大事。曹操臨陣，在馬上意思安閒，如不欲戰。當然曹操是一雄傑，但從精神修養上講，似乎還要遜諸葛亮一籌，這是中國文化傳統中所講軍人修養一最高境界。

中國社會上又很著意表揚失敗的軍人，尤著的如關羽、岳飛，今人稱之為武聖。關羽在歷史上表達了一個義字。當時曹操很賞識他，禮遇有加，封侯贈金，無所不至。劉備則正是走頭無路，到處流亡。但關羽不為曹操所動，還是走歸劉備，這就是他的義。岳飛精忠報國，十道金牌班師回來，冤死在風波亭，在歷史上表達了一個忠字。我們看《水滸傳》上一百零八位好漢聚集在梁山泊忠義堂，打起替天行道的杏黃旗，這見文化傳統中之忠義武德，流傳在民間社會，真是根深蒂固的。抗戰期間，本人到過安南河內，咖啡館裡都掛有關公及孫中山先生之像。這裡日月潭，也有文武廟。香港警察所，都掛關羽像。可見關羽、岳飛，他們雖都是失敗了，但他們的失敗，卻比成功的價值更高，意義更大。正因戰爭雖重勝敗，更重是非。不義之師，勝了也無意義價值可言。打仗是要打仁義的仗，軍人該充分表露他們的忠義之氣，忠義則永存千古。軍人遇失敗，更顯出他一番忠義之氣來，所以直到後代，更有他極大的貢獻。

我們從大陸出來，已經很多年了，那時共黨揚言不打無把握的仗，這真是胡說亂道。打仗是要拚命的，不到最後一分鐘，勝負難定。我們只該說不打沒正義的仗，不該說不打無把握的仗。要打仗，總只是盡其在我，不能要討十分的把握。若待有了把握才打仗，那就無仗可打。共黨所謂不打無把握的仗，只見其無膽內怯。沒了正義，自然會內怯。臨陣對敵，必仗勇氣。共黨殘暴成性，狡詐為懷，正使他無勇氣可言。

《孟子》書裡有一段講養勇的話，那時有一勇士叫北宮黝，他是抱持一種必報主義的。你來一拳，他必報一拳，你來一腳，他必報一腳，他定要不吃虧，對方強弱他不管。另有一人叫孟施舍，他是抱持一種無懼主義的。他說勝敗不可必，他視不勝猶勝，他只是能不怕。兩人都以勇名。

孟子批評他們說，孟施舍所守比較單純，只求不怕，其權在我。要求不吃虧，其權不盡在我。這正是說對敵臨陣是不能確有把握的。一觸一動，也不算是有勇。孟子又說，孔子曾教曾子以大勇之道，只要我自己理直，對方縱是千萬人，我亦向前。若我理屈，對方縱只是一匹夫，我也讓他，不向他逞強。這是孔子的養勇之道，不打不仁不義的仗。仁義在我這邊，我便大勇向前，殺身成仁，捨生取義。死生尚不顧，勝敗更何論，這是最高的勇德。近人所說心理戰神經戰等，也只是道義戰的一些手段。我只爭一道義，其權在我。這樣的爭，將是無往而不勝。這可說中國文化傳統運用到軍事上的最高原則。

我們的八年對日抗戰，也就充分表現了我們此一番精神。軍人們的堅強英勇，全社會之踴躍助陣，那時所表現的只是一種堅韌不拔，繼往開來的精神。一切力量實都是文化傳統的力量。那時那論所謂有把握與無把握，而畢竟爭取了最後的勝利。中國文化著重道德修養，文德武德合一相通，都要從每一個人的性情深處生根發脈。外面世界亂了，每一人的德性仍然抱持不亂，終於求得真理，激發天心，轉移世運，只在我此方寸之間。中國文化發明此道理，堅定此信仰，因此國家民族的生命也就深固不拔，綿延不絕。今天我們國家，又是大難當前，厄運頻臨，所謂危急存亡之秋，又正是軍人們擔當大任的時候。我們每一軍人的生命，正與國家民族的大生命緊緊連繫在一起，彼此呼吸相關。國家民族悠久的大生命，有賴我們軍人拚著各人短暫的小生命來維護，來保持。今天我們總統提出文化復興的口號，希望諸位在此一號召之下，奮然決然，發揮我們文化傳統下之武德，來創建我們文化傳統下之武功。

十一、中國歷史上的軍人

諸位：今天很高興能有這機會在這裡對各位作一番講演。剛才張校長向諸位報告的話，我很慚愧，不敢當。我是個無用書生，在當前這個艱難偉大的時代裡，對於國家民族文化前途，我除有一番極忠誠的信仰外，只能站在一旁，以忠誠的眼光作旁觀。今天我的講題是講「中國歷史上的軍人」，把我自己所知道的一點歷史上的淺薄知識，來向諸位作個簡單的敘述。

人人皆知，人生應有兩大支點，一是食，一是兵。所以孔子說：「足食足兵，民信之矣。」有了足夠的食和兵，才使人可以確信今天之後必然有明天，然後其他一切也才連帶談得上。因此人生又應有最基本的兩大職務，一曰耕，一曰戰。在人類文化最早時期便應有了農業和武士。

固然，在古代社會中，除了耕稼社會以外，還有游牧社會和工商社會。然而一個最標準、最基礎的社會，則應該以耕稼為本的。中國字中的男字，代表著一個壯丁，上面是一「田」字，下面是一「力」字，可見每一壯丁便該努力田畝。民族家族的「族」字，上邊「㫃」是一面旗，下邊「矢」是一支箭，要大家在一面大的旗幟之下，每個人都挾帶著弓矢武裝起來，這才成為族。若非力田從事生產，即不成為一男。若非結隊集體武裝，即不成為一族。民族文化來源，最要在生產和武裝上，只就一男字一族字上便可看出。儘管人類文化不斷地在演進，社會也不斷地在演變而複雜，但生產和武裝兩事，依然是社會之柱石，文化之骨幹，那是無可動搖的。

從歷史上看每一民族起源，最先都是全族武裝，即是全族皆兵的。到後來文化逐步演進，武裝逐步輕減。中國在春秋時代，猶是封建時期，那時執干戈衛社稷的重任與光榮乃為貴族子弟所獨占，輪不到平民身上。那時則只有貴族軍隊。在農民中選拔優秀加入武裝的稱為「士」。士執射執御，為其本分。當時學射，猶如今天放機關槍與大砲。學御，猶如今日之學駕駛坦克與飛機。不習射御，便稱不得一個士。其時的貴族階級，論其職，則皆武職，而亦兼習文業。文由武而演進，此乃人類文化演進一通例。孔子在當時亦一士，孔子以禮、樂、射、御、書、數六藝為教。射御兩項，乃其中之基本藝。孔子自稱：「我何執，執御乎，執射乎，我執御矣。」因御之一藝，在當時較射為低。如狩獵，如臨陣作戰，在車上執弓矢者是主，駕車者是副。孔子自謙，說若要他選定一職，則他選御不敢選射。其實孔子善射，在當時是著名的。

孔門弟子，擅武藝，能武事，身歷戰場建立功勳的也不少。像子路，不用說。當魯襄公八年吳師伐魯，有若便在魯國的三百名決死隊裡面，打算乘夜直撲吳王帳幕。吳王聞訊，嚇得一夜三遷，吳魯也便此議和了。魯哀公十一年，齊師伐魯，冉有擔任魯軍左翼總指揮，樊遲作他車右。執政季孫氏嫌樊遲年輕，不贊成他擔此重任，但冉有終於毅然任用。樊遲臨陣，身先肉搏齊軍，殺得齊師大敗虧輸。那些都是孔門弟子之從軍功績。

在《管子》書中，主張把社會分成士、農、工、商四組。此四組中士居首。當時所謂士，亦指武士，不指文士。當時亦根本無所謂文士，都是由武士來兼習文業，孔門即是其著例。所以孔子又說：「志士不忘在溝壑，勇士不忘喪其元。」因你捨棄了家人生產來習武藝，生活成問題，餓死亦是本分。待你武藝嫻熟，臨陣戰死，也是不負了素志。直到戰國時代，始有平民軍隊正式興起，因那時的貴族階級已趨崩潰，而列國紛爭，戰鬥不休，便不得不要大量的平民來參加。

到了漢代，那時則全農皆兵，可稱為國民兵。國民充當兵役分三類。一是中央衛兵，二是邊疆戍兵，三是地方預備兵，亦可稱為役兵。其時乃是行一種義務兵役制。及齡壯丁都得義務充當。每一壯丁，都有輪番到中央充當一年衛兵之義務，那是最光榮的。其次是到邊疆上去當戍兵，戍期只有三天，那一制度，應是遠從戰國時或春秋末期沿襲而來。在那時，國境狹小，裹糧而往，多數是一天可到，三天而畢，往返只需五天到七天，隨身乾糧可以應付。但到秦代大一統，戍邊變成苦差使，陳勝、吳廣便由戍兵隊伍在路中起義。漢代把此制度修訂，不去戍邊的，可出三日生活費交與願去的人。一人戍邊一年，可代表一百多人不必再去，方便多了。本來縱使是貴為丞相之子，也得戍邊，但可納費不去。但仍然有丞相之子而寧願也去戍邊，不願出錢逃避的。

那時又有所謂良家子從軍，此如近代所謂義勇軍，或志願軍。遇邊疆有事，自請從軍。所以必稱良家子者，因志願軍必經政府審查其家庭實況，苟非良家之子，則不獲批准。當時有許多家住邊區的，都踴躍參加。平時在家習武，有事挺身而出。最著名的如隴西李家，由李廣到其孫李陵，祖孫三代都成名將，煊耀史籍。其實自李廣以前，早已家世習武。只因直到李廣時，匈奴大肆入寇，邊防吃緊，李家遂乘時而起。可見漢代武功所以卓絕，絕非偶然。

此後又有從邊防兵變為屯田兵的。邊防兵期滿即歸。屯田兵則留邊屯田，又把生產與戰鬥合而為一，既省運輸之勞，亦可使邊兵較長期的屯駐下來。

但到東漢之末，政治解體，兵役制度不能推行，那時則由國民兵變成私家兵。地方上有許多大門第，遇到匪寇禍亂，附近居民都來投靠託庇，那些大門第加以部勒，老弱婦孺參加生產，丁壯的結成隊伍，合力戰鬥。此等私家兵，在當時則稱之為部曲。

此風直到東晉未能廢止。政府無軍隊，仰賴門第部曲，終非辦法，於是遂興起了一項募兵制。

由政府規定了年齡、體格、性行等種種條件，來公開招募，給以餉糈，從嚴訓練，成為一支精兵。北方則只有部族兵。五胡文化淺，還是全族皆兵。又行簽兵制來加以補充。或是三丁抽一，或是五丁八丁抽一不等。皆由抽簽強拉去充當兵役。結果臨時拼湊，成為一隊雜牌兵。人數雖多，卻無作戰能力。淝水之戰，苻堅那邊的雜牌兵終於抵抗不得東晉北府兵之一擊，而潰敗不可收拾了。東晉北府兵，則是上述之所謂募兵。

到了北周，蘇綽創出府兵制度來代替北方相傳的部族兵和簽兵。終於由此制度而統一了北方的北齊和南方的陳，而又開隋代之統一。

所謂府兵，乃是一種全兵皆農制。在農民中就其家產分為九等，上五等有資格當兵役，下四等不得援例。府兵平時只在家種田治生，以暇時練習武事，不再要在地方服雜役。此制度有兩優點，一則挑選國民中身家較優秀者來充當兵役，二則生產與戰鬥兼顧，不煩政府平時再籌養兵費用。以此較之漢代之全農皆兵制，更為得宜。唐朝興起，也因府兵制度之效用而武功震鑠，較之漢代，更出其上。

後來政府疏忽，戶口籍漸不治，府兵敗壞，於是在中央有彍騎，在邊疆有藩鎮。彍騎即是府兵之變相，但只限在中央政府所在地，不能如府兵之遍布全國。藩鎮又多用番將番兵，那只是一種雇兵與傭兵，而且所雇傭的又全是異族胡人。其後藩鎮作亂，不服從中央命令，中央只有少許彍騎，無奈之何。循至全國各地多半盡成為藩鎮。唐沒以後，繼之以五代十國，此為中國歷史上一段最黑暗時代，其實則只是唐代藩鎮之變相。

宋代開國，上承唐末五代積弊，都是些雇傭兵，以兵為生，入伍後更不退伍，多半是老兵羸卒，否則是驕兵悍卒，或是羸老驕悍兼而有之。禦外侮不足，煽內鬨有餘。那時有廂軍禁軍。廂軍是地方兵，只堪充雜役。禁軍是中央軍，輪任邊防，乃由廂軍中挑選精壯而來。實則只是五十步與百步。宋代養兵不能用，積貧積弱，社會賤視軍人，乃有「好鐵不打釘，好男不當兵」之俗諺。重文輕武，成為當時風尚。最先有遼，盤踞中國東北。燕雲十六州，自五代時即淪陷。宋代迄未恢復。次之有金，割去了黃河流域。最後有蒙古，吞噬了全中國。

遼、金、元，都是部族兵。在元代，中國人連廚房菜刀也得幾家合用一把，野外行獵亦禁止不許。但不到一百年，蒙古政權終於被驅逐。明代有衛所兵，仿效唐之府兵，寓兵於農，國家不費一文錢養兵，而武功亦跨越漢唐。

清代亦為部族兵，當時稱八旗。亦有漢軍旗，後來稱綠營。其實清代入關後武功多賴綠營兵。待後綠營也如八旗般腐化了。中葉以後始有鄉兵，平定川楚教匪。湘軍淮軍，平定洪楊與捻匪。此等皆是鄉兵。湘軍指揮有人，功成即退歸鄉里。而淮軍遂遞傳而為民國後之北洋軍閥，分省割據，為民初政治上一大阻礙。

中山先生黃埔練軍，最先是北伐完成統一，繼之是八年對日抗戰。來臺以後，始有義務兵役，達到全國皆兵之理想。當前反共復國的大任，則寄託在陸海空三軍之肩膀上。

今再通觀全史，可見軍人之在國家社會，乃係一種義務，非職業。非為謀生，乃為服務。非取於人，乃以獻於人。其最高表現，乃為獻身國家民族，至於肝腦塗地而不惜。兵役二字，乃自古有之。募兵制之最大弊病，在使人以從軍為一謀生職業。試問豈應以貢獻生命為謀生之職業？又豈應以殺人為謀生之職業？軍人教育本為人類教育中一項最具崇高理想最富偉大精神之教育。今若行使募兵制，則此種理想與精神將無可表現。歷史上如東晉之北府兵，亦係募兵制，實出不得已。淝水之戰雖著功績，自劉裕率之北伐以後，此一軍隊即漸變質。要之，此種軍隊可暫不可久，不可以為定制。宋代之募兵制，實當懸為炯戒。目前如美國青年怕當兵役，此亦是美國社會精神墮落一預兆。若在國家民族遇不得已時而有募兵，此乃成為一種義勇兵，與法定募兵制不同。如黃埔軍校，何嘗不出於應募，而來者本於義勇，又兼之以一種精神教育，故其功績表現乃能遠出如東晉北府兵之上。最近美國社會亦有倡為將來當改義務兵役為募兵制之意見，此中得失，實尚待更深之研討。

其次當知軍中立功乃屬一大榮譽。在中國歷史上，如漢代之封侯，唐代之賜勳，皆是軍人榮譽所應得。惟雖封侯賜爵，皆不得掌政權。唐代有所謂出將入相，乃自以人選而入相，不以為軍功之酬庸。惟唐代節度使兼綜治民、理財、統軍三職，遂貽歷史上以大禍害。又軍官不得以軍隊為自己勢力。將在外，君命有所不受，乃為戰事，不關政治。如唐代之節度使，乃及清末民初之督軍，皆憑軍隊私勢力造成軍閥割據，而唐末以及清末民初，亦同為中國歷史上最大之災禍時期。

更要者，在一個健全的文化體系之下，文武不該歧視。更不當重文而輕武。在中國歷史上，宋代矯枉過正，始有重文輕武之病。然如韓琦、范仲淹，皆以文臣膺疆寄，而狄青因隸軍籍，遂不獲大用，論者惜之。其他中國史上歷代皆有文武全才，文臣能治軍能武事者指不勝屈。政府武職，皆由文人管理。故中國傳統文化得成為一最健全最堅韌之文化，其文武並重與文武兼通之風氣，亦為一要因。

諸位稍治中國史，便知目前中央政府革新軍政，其中好多項目，乃是文化復興，非盡模襲西方。近代西方軍政方面亦頗有與中國歷史相通相合之處，然此等處，中國至少已在一千年前已超越了西方。

今天我們軍人好學，更為中國歷史上傳統一美德。我此番講演，希望能激起諸位莫忘了我們自己文化傳統下之軍人美德，又莫忘了我們自己歷史傳統下之軍人榮譽。中國古人又說：「明恥教戰」，「兩軍相交，哀者必勝。」同時更希望諸位也莫忘了我們國家民族當前的一種恥辱地位，要以毋忘在莒之心情，努力在此艱鉅時代下為國爭光。反攻復國和文化復興此兩大任務，同時便在諸位的肩膀上。

十二、歷史上之人與事與理

今天的講題是「歷史上之人與事與理」。歷史就是人事記載，事由人為，人則後浪逐前浪，一個時代與一個時代不同。事亦然。因此說歷史不重演。但事必有理，理寓事中，事不同而理則同。如蘋果落地，蘋果各有不同，蘋果所落的時與地亦不同，而蘋果落地之理則無不同。惟事易見而理難明。大而至於國家興衰，民族存亡，散而成為政治、軍事、外交、經濟、教育，乃及學術文藝等各項工作，遠而溯及千萬年之上，近而及於眼前當身，形形色色，林林總總，莫非事，即莫非史。而每一事之背後則必有人。人生不過百年，一代代新人替換，事變不停續發，歷史也就不斷開新。亦有明屬一事而不易見其為一事，亦有事雖易見而事中所寓之理則不易知。抑且事與事間實無界隔，此事可通那事，此時直透那時。一部歷史，過去、現在、將來，錯綜複雜，其實會通而觀，則只是一大事。人人在此一大事中。事與事相涵，人與人相合。人無終極，事無終極。一部歷史只成一大傳統。抽刀劃水水不斷，前有千古，後有千古。如我們在此講堂講此題目，過去的實未過去，未來的卻已來到。如目前講了三分鐘，其實三分鐘所講並未過去，若過去不存在了，試問下面又從何講起。故知過去實未過去，而未來實已來到。諸位雖未知我下面將講些什麼，而我則成竹在胸，早已有了腹稿，下面定會如此講。所以歷史上過去的不一定過去，其實還存在。而歷史上未來的也不一定未來，可能是早已來到。全部歷史則成為一大現在，我們正當把握此現在，不斷地去奮鬥創新。

普通認為過去事可知，未來事不可知，其實不盡然。如今講堂桌上放此茶杯，不知何時何人在此放上，在我說來卻不易知。此茶為我而設，我渴時可飲，飲後可以解渴，在我說來卻極易知。又如我在此講話，如何發心決定講此題，那時心境已如泥牛入海，渾化無跡，在我此刻卻成為不易知。但此下將講些什麼，則此刻已定，斷然可知。

我們也可說，事不可知，而理則必可知。諸位當先具有一信仰，即天地間任何事都離不了有一理。諸位當堅信，天地間無無理之事。合理則事成，失理即事敗。理屬公，欲屬私。存了私欲，即昧了公理。欲合理，則所欲亦是公而事必成。欲違理，則所欲只是私而事必敗。此理此事則斷然可知。若理不存在，或有不信，則一切歷史將無可說。

所謂歷史人物，必然是一個能合理行事之人物。有如此人物，始能負起歷史上所賦予的使命。我們當要有此智慧，有此胸襟與抱負。不合理的人物，則只能來使歷史黑暗，甚至毀滅，使歷史失其存在。

歷史上有常然、必然、當然、偶然、或然的事與理。理有兩方面，一物理，為自然之理。一倫理，為人事之理。如日出日落，春夏秋冬，是常然必然之理，我們亦稱之為自然，此乃物理。人亦是自然中一物，如飢必食，渴必飲，各人必求保護其各自之生命，此亦自然之理。但自然之理之外尚有人事之理，人事都起於人之欲。有生之物皆有欲。人亦然，而更甚。理欲對立，而理中無欲。如上帝主宰，如太陽運行，此皆有理而無欲。無生物一順自然，此亦有理無欲。有生物則各有一生命欲，然適者則存，是即合理則得生，背理則必亡。人不能無欲，有生物中惟人之欲最多。如想吃魚，又想吃熊掌，欲多了，不可兼得，當知挑選。吃魚省錢。吃熊掌費錢，吃魚易消化，吃熊掌不易消化，此等尚易挑選得宜。如你想當大總統，抑或想做皇帝，挑選便不易。法國的拿破侖，中國民初的袁世凱，皆曾對此經過了挑選。歷史上的得失成敗，興衰治亂，皆由人類內心理與欲之分合之分數多少而判，此乃人類歷史一條不可易的鐵律。有人不知此鐵律，或不信此鐵律。中國古人，因其最精通歷史人事，故最能看重此一鐵律之存在。理屬自然，如天所命，故曰天理。欲則起自人生，由人所出，故曰人欲。中國古人極嚴天理人欲之辨，但近代中國人則多不信此，說人欲便是天理，那有外於人欲之天理。則試問袁世凱洪憲稱帝，論其內心，究當如何說？若如中國古人說，此乃人欲非天理，豈不直截了當，明白確切，深入淺出，人人易知嗎？

歷史是否有命定？若專由理言，則歷史有必然性，是命定的。因世界無無理之事，無理之事不得存在。故歷史演進則必然是合理的，亦可說是命定的。但理可以規定一切，範圍一切，故事有常然與必然。而從另一面講，理似不能推動一切，停止一切，至少從人事上講是如此。推動與停止皆由人，故事有偶然與或然。袁世凱正式宣誓當了中華民國第一任大總統，忽然又想當起皇帝來，有此事，無此理，此乃一種偶然，非必然。若純從歷史事件看，只就其表現在外面的來看，則歷史事件一切是偶然，無必然。因理雖必然，而事則由人。人抱私欲，可以不必然。所以歷史上有種種得失成敗與興衰治亂，而求其所以然之理，則只一無二。

所以人該能知事明理來自導其欲，使其所欲必當於理而無違無背，於是在人事上乃有一當然。中國古人稱之為盡人道。但人道盡了，人事則仍無必然。如當時國父孫中山先生把總統位讓給了袁世凱，也只是盡人道而已。此後之洪憲稱帝，中山先生實也不能預知。而且也無從斡旋。就軍事學上講，則先為不可勝以待敵之可勝。因我之不可勝掌握在己，而敵之可勝則其權在人，如是則只有待之一法。

因此論歷史人物，又該注意到歷史時代。只有少數人卓然傑出，能開創出一新時代，主持一新局面，斡旋一新事業，此在政治學術皆然。此乃有了人物而始有此時代者。如中山先生之創建中華民國，可為有此人物乃有此時代之例。其他歷史人物，則多為歷史時代所囿，即如中山先生同時，如康有為之主張保皇，袁世凱之帝制自娛，雖其間亦有不同，要之其為時代所囿則同。人物有時扭轉不過此時代，孔子亦嘆道之不行而歸之於天，此處所謂天，實即指當時之歷史時代。故孔子教人知天命。時代不可為，而聖人仍必有為，故曰知其不可為而為之。其不可為乃屬於歷史時代，乃天命。其仍必有為，乃屬人之使命，亦仍是天命。人事無必然，此即歷史之不能有必然。而天理則有必然。即使是一聖人，遵大行道，終不能要外面沒有不可知之事來相干擾，故曰盡人事，盡其在我之可知，留其不可知以待之天。當知常然中有理，偶然或然中亦有理。孔子大聖，縱不能扭轉其當身春秋時代之一切，以符其所理想。但孔子終成為一歷史最大人物中之標準與榜樣。只要人類歷史存在，則孔子亦必與歷史同存，永不褪色，永不黯淡。

再論歷史事件，當知每一事件必有其內在之情與其外在之勢。情指其事之內涵意義，勢指其事之外形方面之過程與趨向。若我們專從事之外面看，則不見其事之情。若我們專從事之目前與近處看，則不見其事有一勢所必至之終極階段。驟然看來，一切事都由於人之欲望而產生，但人之欲望實極有限，不能包括了天地自然之一切。最要者，天地自然中有理，若欲而違背了此自然之理，即消失，即滅亡，無可倖免。故論事之情，人之欲望固占其重要分量，但論事之勢，則理為之主。歷史中一切事件，有情必有理。不能只說有情沒有理，人的欲望便可單獨決定了一切。歷史究以理為主宰。理中亦可有情，情與理之離合，應評其分數。由人之欲望而生事業，事業即成歷史。理之缺點，在其不能推動，不能開創。理只能在事的外面作決定。事的裡面，則由人來作決定。所以人應知事明理，使一切事情存勢定，而到達一終極之目標。

現在再講到理，西方長處，在自然科學，即自然之理之一面。中國人重視歷史，即人事之理之一面。自然之理較單純而少變，人事之理則複雜而多變。中國廣土眾民，歷史綿延達於五千年之久，故中國人對人事之理獨能深入而得其微妙之所在。西力東漸，乃挾其一種資本主義與帝國主義之混合力量而俱來。中國人根據自己以往歷史傳統之人事經驗與道德觀點，早知西方力量中毛病多。但迭遭挫敗之餘，震於當前，惑於親受，認為西方力量乃是一種不可抗禦不可逆犯的力量，而不知其勢之終為不可久。或則識其情，或則昧其勢，故中國人在民國前後對西方看法有不同。但當知，未必民國後所見全是，而民國前所見全非。如義和團，最先認為他們愚昧無知，稍後又認為他們有民族精神，此兩觀點，亦復各有是處。但只具一種精神而愚昧無知，固是要不得，力求理智而精神全喪，亦是要不得。上面所講理與欲，理屬天，故稱天理。欲在人，故稱人欲。雙方亦該兼顧。須是天人不相勝，而達於天人合一之境界，此則須在分數上斟酌，而求其恰到好處則甚難。中山先生說知難行易，此便是其例。西方人太重在探求物理，卻不能深明事理。他們認為智識即是權力，提高欲望可以刺激前進。憑其富強可以宰制世界，無往不利。對外則滅人之國，亡人之種，擴展殖民地，漫無止境。知有己而不知有人。結果對內引起了大戰爭，第一次第二次世界大戰以迄今日，似尚不知徹底悔悟，其危害自身亦將不見所底止。馬克斯共產主義主張歷史唯物論乃及歷史命定論，曾不知歷史重心在人不在物。事在人為，而理寓於事之內。歷史由人創造，非前定，此一大觀念差了，此下種種便可不論。至於自然科學家，則認為可以征服自然，又不知人類本身亦即在自然之內，人不能勝自己方面此一小自然，又如何能勝此小自然之外之大自然。西方思想，似乎是只重向外，向外則只憑力量。此一觀點最要不得。由中國古人看來，只是一霸道。中國傳統文化則是一王道。王道可大可久，霸道則終必覆滅。此乃中國古人所發明的一條歷史大原則，西方人不易了解，不易接受。這也罷了。但今天的中國人亦同樣不了解，甚至說中國不亡是無天理。近代惟有中山先生一人巨眼深識，重再提出此王道霸道之辨。此實是一條歷史真理，人道真理，顛撲不破，值得我們來仔細探討，仔細發揚。

最近共黨竊國，此亦有其所以然。即猶如洪憲稱帝，在當時何嘗無其所以然可言。但當知袁世凱毛澤東在中國近代史上出現，只是一偶然，卻斷不是一必然與常然。西方人卻以必然常然視之，豈不大誤。因此我們斷不能和眼前的西方人來討論大陸中共之將來。縱使此刻大陸亂象已十分顯著，中共攘竊斷無可久之理，但西方人頑固，主觀深，理智淺，斷不會聽取我們的意見。此一事無足怪。回憶六十年前，在我童年時，他們西方人還認為中國可以瓜分，任由他們來宰割控制。只隔了六十年，到今天，他們又像認為大陸政權不可動搖。是否他們認為六十年前只是一傳統之舊中國，所以不值得他們重視。今天的大陸，已是接受了西方洗禮。共產思想亦是西方思想之一支流，所以他們又認為此刻已是一個擺脫中國舊傳統的新中國了，所以他們才談虎而色變呢？要之，他們一種欺善怕惡之心理，則始終不變。這實在要不得。至於他們又有人說，共產大陸乃是十足中國傳統，那更是荒唐之極。如此淺見薄識，又如何可和他們來談歷史演變與人類前途。

但這些都不足怪，更可怪的，今天我們中國人中間也還有少數只論事，不知求其事之情與勢，更不論其事背後之理。聽了外國人話，自生疑惑，自生搖動，於中共政權之必臻滅亡，於其滅亡時間之必不在遠而在近之理與勢，仍不能抱有堅定之信心。此在我們各自深深反省，我們今天之大使命大責任，乃在反攻復國與文化復興之兩大事業上，實是不待辯論而已定，不待蓍卜而可知。

但我們要向此邁進，則只能靠人力和人事，不能靠天理與天命，若不善盡人事，則歷史到底非命定，下面如何，我們終於不可知。舉歷史舊例言之，夏桀必亡是可知，若當時無一個商湯，則在中國歷史上也可不見有商朝。商紂必亡是可知，若當時沒有周武王與周公旦，下面是否會有像如今歷史上的一個西周，其事也難定。即言近代史，滿清必亡是可知，若當時無孫中山先生，此下也就不定如此刻之有中華民國之誕生與長存。

歷史只是一種人事記載，人事背後必然有天理寓在其中，但不能只有天理無人事。天理只能限制人事，規範人事。只有人事可以表顯天理，領導天理。歷史須求天人不相勝，而循至於天人合一。不能有天而無人，亦不能有人而無天。人之能事，在能先天而得天時，後天而奉天道。歷史由人來創造。今天是我們創造歷史的人時代，理與勢，皆在我們這一邊，又得蔣總統之賢明領導，三軍將士之蓋忠為國，時機一到，人家盡心合力而赴，其事亦絕不在遠，此則我可在此預言的。

秦漢史

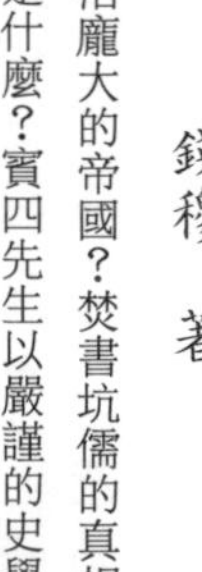

錢穆　著

你知道秦始皇如何統治龐大的帝國？焚書坑儒的真相又為何？漢帝國對外擴張遇到什麼樣的問題？重農抑商背後的事實是什麼？賓四先生以嚴謹的史學研究方法，就學術、政治及社會各層面，深入淺出地對秦漢史加以探討。不但一解秦漢史學的疑惑，更能提高讀者的眼界。

古史地理論叢

錢穆　著

本書彙集考論古代歷史、地理長短散文共二十二篇，其主要意義有二：一則以古代歷史上之異地同名來探究古代各部族遷徙之跡，從而論究其各地經濟、政治、人文進化先後之序；二為泛論中國歷史上南北兩地域經濟、政治、人文演進之古今變遷，指示出一些大綱領。要之為治歷史必通地理提示出許多顯明之事例。

中國歷史研究法

錢穆　著

本書根據賓四先生於民國五十年在香港講演之內容，記載修整而成。內容分通史、政治史、社會史、經濟史、學術史、歷史人物、歷史地理、文化史等八部分。此下三十年，賓四先生個人有關史學諸著作，大體意見悉本於此，故本書實可謂賓四先生史學見解之本源所在，亦可視為其對中國史學大綱要義之簡要敘述。

中國歷代政治得失

錢穆　著

本書提要鉤玄，專就漢、唐、宋、明、清五代治法方面，有關政府組織、百官職權、考試監察、財經賦稅、兵役義務，種種大經大法，敘述其因革演變，指陳其利害得失，要言不煩，將歷史上許多專門知識，簡化為現代國民之普通常識，實為現代知識分子所必讀。

中國歷史精神

錢穆　著

中國的歷史源遠流長，其間治亂興替，波譎雲詭，常令治史的人望洋興嘆，無從下手，讀史的人望而卻步，把握不住重點。本書作者錢穆先生，以其淵博的史學涵養，敏銳的剖析能力，將這個難題解開了，使人得窺中國歷史文化的堂奧。

黃帝

錢穆　著

司馬遷《史記》敘述中國古代史，遠始黃帝，惟百家言黃帝，何者可定為真古史，司馬遷亦難判別。然古人言黃帝亦異於神話，蓋為各種傳說之總彙，本書即以此態度寫黃帝，以黃帝為始，彙集許多故事，接言堯、舜、禹、湯、文、武、周公，一脈相傳，透過古史傳說，勾勒其不凡的生命風貌。讀者不必據此為信史，然誠可以此推考中國古史真相，一探古代聖哲之精神。

國家圖書館出版品預行編目資料

中華文化十二講／錢穆著.——初版一刷.——臺北市：三民，2023
面；　公分.——（錢穆作品精萃）

ISBN 978-957-14-7392-5（精裝）
1. 中國文化 2. 文化評論 3. 文集

541.26207　　111001092

中華文化十二講

作　者｜錢　穆
發行人｜劉振強
出版者｜三民書局股份有限公司
地　址｜臺北市復興北路 386 號 (復北門市)
臺北市重慶南路一段 61 號 (重南門市)
電　話｜(02)25006600
網　址｜三民網路書店 https://www.sanmin.com.tw

出版日期｜初版一刷 2023 年 1 月
書籍編號｜S030431
ISBN｜978-957-14-7392-5

三民書局